Captain Phillip
Australien

Captain Arthur Phillip

Australien

Die Gründung der Strafkolonie

bearbeitet von Rudolf Plischke

Lamuv Taschenbuch 293

Bitte fordern Sie unser kostenloses Gesamtverzeichnis an:
Lamuv Verlag, Postfach 26 05, D-37016 Göttingen
Telefax (05 51) 4 13 92
e-mail lamuv@t-online.de
www.lamuv.de

01 02 03 04 05 6 5 4 3 2 1

1. Auflage 2001

Umschlaggestaltung: Gerhard Steidl
Gesamtherstellung: Steidl, Göttingen
Printed in Germany
ISBN 3-88977-593-4

Inhalt

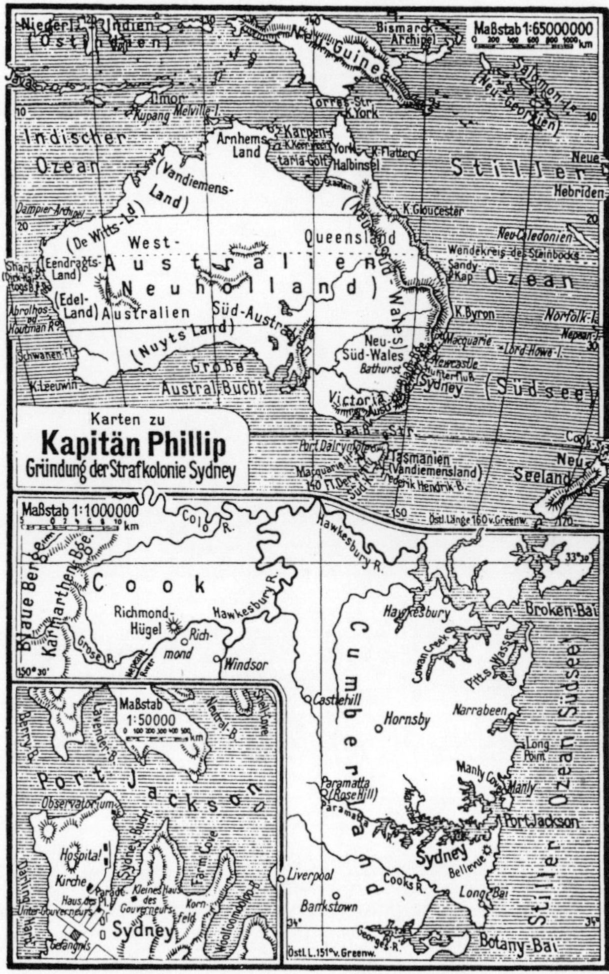

Karten zu

Kapitän Phillip

Gründung der Strafkolonie Sydney

Einleitung

von

Rudolf Plischke

aus dem Jahre 1923

Wie Australien entdeckt wurde

Australien! – Man lehnt sich zurück und fühlt sich wenig heimisch – nein, man weiß nicht viel von diesem Erdteil. Einige Wörter tauchen auf, einige wenige Begriffe machen sich geltend, die irgendeiner beiläufigen Kenntnisnahme, einer gelegentlichen Mitteilung und Erfahrung entstammen: Känguru – Goldsucher – abgemagerte Eingeborene, die unbegreiflicherweise sich ab und an von Käfern und Fliegen zu ernähren vermögen – Bumerang, jenes Sportinstrument von Weltruf – alkoholisierte Europäer – an der Küste einige Talmi-Großstädte ohne jede Würde, Tradition und ererbte Kultur ... das ist alles.

Vielleicht weiß man noch etwas mehr. Man erinnert sich, gehört oder gelesen zu haben, dass es in jenem Lande schwarze Schwäne, Eukalyptusbäume und eine überaus zähe Hundeart, den Dingo, gibt; möglicherweise entsinnt man sich, dass Australien dereinst eine Verbrecherkolonie gewesen ist. Weiter reicht es nicht; im Ganzen ist die Kenntnis recht sprunghaft und nicht gerade erhebend. Wir wollen uns deshalb unterfangen, unser Wissen zu bereichern, und da wir nicht genügend gymnastisch geübt sind, den bekannten Verlegenheitssprung *in medias res* zu vollbringen, so wollen wir uns mit jener Zeit beschäftigen, in der Australien das Licht der europäischen Welt erblickte.

Australien ist der Benjamin der Erdteile. Es hat zweifellos keine Schuld daran, dass dem so ist. Andererseits aber ist es lange erwartet worden, man suchte es, da man es gleichsam vermisste, und gab ihm, solange man es noch nicht gefunden hatte, eine märchenhafte Gestalt, schmückte es sagenhaft aus; es galt als verwunschener Prinz. Schon von jeher, noch bevor es entdeckt war, im Altertum schon, hatte es seine Anerkennung gefunden. Man vertrat damals die Ansicht – und diese kindlich mit dem Weltenraum umspringende Ansicht blieb bis übers Mittelalter hinaus bestehen –, dass den auf der nördlichen Erdhalbkugel liegenden Ländermassen, damit ein Umkippen der Kugel verhindert werde, auf der südlichen Halbkugel ein großes Land die Waage halten müsse – die *Terra Australis incognita*, das große Südland. Wie man noch erfahren wird, entsprach Australien, als man es vollends entdeckt hatte, nicht der Vorstellung, die man mit der *Terra australis incognita* verband, und man glaubte weiter an das Märchenland, bis der englische Weltumsegler James Cook durch seine zweite Reise die Legende zerstörte, was man im dritten Band der »Alten Reisen und Abenteuer« nachlesen kann. Die Vorstellung der *Terra australis incognita* und die Entdeckung Australiens stehen aber entwicklungsmäßig im Zusammenhang.

Von dem großen Südland berichten im Altertum der große Astronom Hipparch von Ricäa (200 v. Chr.), der berühmte Claudius Ptolemäus (200 n. Chr.) und andere. Als man sich im Mittelalter von der Scheibengestalt der Erde wieder erholt hatte, schwelgten die damaligen Kartographen vermöge ihrer Phantasie, deren Übung ihr Beruf in jener Zeit ihnen nahe legte, die *Terra incognita* auf das Papier zu bringen. Noch ehe der Durchgang vom Atlantischen Ozean in die Südsee entdeckt oder die 1520 erfolgte Entdeckung der Magellan-Straße bekannt war, zeichnete Johannes Schöner aus Nürnberg auf seine Globen 1515 und 1520 südlich von Amerika, durch eine Meeresstraße von diesem getrennt, ein großes Land, das sich östlich bis nahe an das Kap der Guten Hoffnung und westlich bis etwa Java erstreckte. Als diese Meeresstraße von Magalhães gefunden war, wurde angenommen, dass das der Südspitze Amerikas gegenüberliegende Land die Küste des großen Südlandes sei. Weitere Entdeckungen erschütterten aber bald diese Annahme, so die des Abenteurers Francis Drake, der im Jahr 1578 nach dem Durchfahren der Magellan-Straße durch ein Unwetter bis zum 57. Breitengrad verschlagen wurde und die kleine Inselgruppenart dieses »Südlandes« feststellte. Doch erst 1616 wurde durch den Holländer Willem Corneliszoon Schouten die Inselnatur Feuerlands und der südliche Punkt der Inselgruppe festgestellt, der den Namen der holländischen Stadt Hoorn erhielt. Das bewirkte aber nur, dass man den Nordrand des geheimnisvollen Südlandes weiter südlich vermutete.

Trotzdem möchte es scheinen, als wenn über Australien schon im 16. Jahrhundert Kunde nach Europa gelangt sei, denn auf einigen französischen Karten, die aus jener Zeit überkommen sind, ist dort, wo die Nordküste Australiens liegt, ein Land eingezeichnet. Auf einer dieser Karten, die 1531 von Oronce Finée gezeichnet wurde, wird dieses Land *Regio Patalis* genannt; auf einer anderen, 1555 von Guillaume le Testu hergestellt, trägt es den Namen *Jave la Grande*. Am bekanntesten ist die Karte von Jean Rotz aus dem Jahr 1542, die die Nord- und Westküste Australiens nicht unähnlich wiedergibt. Ob diese Karten hinsichtlich dieses Landes lediglich kartographisch fabulierende Machwerke sind, ob sie die Kunde einer gelegentlichen Sichtung der Nordwestküste Australiens benutzt und ausgeschmückt haben oder ob ihnen genauere Beobachtungen zugrunde liegen, kann heute kaum noch mit Sicherheit festgestellt werden. Das Letztere muss aber als unwahrscheinlich gelten, da eine umfangreiche Entdeckung wohl auch eine breitere Beachtung gefunden hätte.

Allerdings verfuhr man in jener Zeit mit den Länderentdeckungen ähnlich, wie man es heutigentags mit den Entdeckungen von Pilzplätzen im Wald tut: Man hütete sie als Geheimnis, um ihre Auswertung allein zu genießen. So ist auch das Unternehmen, das mit Bestimmtheit als die Entdeckung von Australien bezeichnet werden kann, weit später erst bekannt geworden, als es erfolgt war.

1601 fand der Portugiese Manoel Godinha de Eredia die Nordküste Australiens in der Gegend der Melville

Island auf; sein Bericht an König Philipp II. wurde erst in der Mitte des vorigen Jahrhunderts in Brüssel aufgefunden. Bis dahin blieb die Entdeckung Australiens durch die Portugiesen ein Geheimnis. Ebenso verschwiegen auch die Spanier, dass sie Australien gefunden hatten. Louis Vaz de Torres, der als Begleiter des Pedro Fernandes de Quiros am 21. Dezember 1605 von Callao zur Erforschung der Südsee ausgezogen war, wurde 1606 bei den Neuen Hebriden von Quiros im Stich gelassen und fuhr nach Westen weiter, um zu den Philippinen zu gelangen. Auf dieser Fahrt entdeckte er eine Durchfahrt zwischen Neuguinea und der Nordspitze Australiens und durchfuhr diese an Korallenriffen reiche Straße in zwei Monaten. Erst 1762, nach der Eroberung von Manila durch die Engländer, wurde in den dortigen Archiven eine Niederschrift von de Torres über seine Fahrt aufgefunden und veröffentlicht und die von ihm entdeckte Straße nach seinem Namen benannt.

Die beiden Entdeckungen Australiens durch die Portugiesen und Spanier, an sich schon recht bescheidener Art, wurden von den beiden Staaten nicht weiter ausgenutzt. Tätiger verhielten sich die Holländer. Während einer 1605 bis 1606 zur Erforschung der Küste Neuguineas unternommenen Fahrt befuhr Willem Jansz mit seinem Schiff »Duyfken« die Südküste Neuguineas, kam an die Torres-Straße, die Torres gerade zu jener Zeit entdeckt hatte, hielt die Straße, getäuscht durch die zahlreichen Inseln, Sandbänke und Felsen, für festes Land, gelangte dann südlich in den Golf von Carpentaria und fuhr an der Westküste der Kap-York-Halbinsel entlang, bis man aus Mangel an Lebensmitteln bei einem Kap umkehrte, das man Kap Keer-weer (Wiederkehr) benannte.

Diese Entdeckung ließen die Holländer nicht ungenutzt. Neue Expeditionen wurden unternommen, die durch gelegentliche Entdeckungen holländischer Ostindienfahrer wesentlich ergänzt wurden. Der neue Erdteil erhielt den Namen Neuholland (Nova Hollandia). 1616 fand Dirk Hartog auf seinem Schiff »Eendragt« an der Westküste Australiens das Eendragtsland und ankerte in der Dirk-Hartogs-Bucht; 1619 fanden Houtman und Jakob d'Edel das Edel-Land und, vor dessen Küste liegend, einen Archipel von Klippen und Korallenriffen, der den Namen Houtmans Abrolhos erhielt und allmählich durch seine Gefährlichkeit für die Schifffahrt zu furchtbarer Berühmtheit gelangt ist. 1622 entdeckte das Schiff »Leeuwin« die nach ihm benannte südwestliche Ecke Australiens. 1623 kamen die zwei zur Erforschung Neuguineas ausgesandten Schiffe »Pora« und »Arnhem«, nachdem ihr Kapitän Jan Carstens mit einigen seiner Leute auf Neuguinea von Eingeborenen getötet worden war, in die Torres-Straße; das Arnhemsland wurde gefunden; die »Pora« drang im Carpentaria-Golf bis zum Staaten River vor; in jener Zeit erhielt auch dieser Golf nach dem damaligen (1623-1627) Generalstatthalter von Indien, Peter Carpenter, seinen Namen. 1627 entdeckte

Peter Nuyts einen Teil der Südküste (Nuyts-Land); 1628 wurde durch das Schiff »Vianen«, dessen Kapitän vermutlich Witt hieß, die Küste östlich von der Nordwestecke Australiens durchforscht (De-Witts-Land).

Ein Jahr später, am 4. Juni, scheiterte Francis Pelsart mit seinem Schiff »Batavia« auf den Houtmans Abrolhos. Während er die gesamte Besatzung, die sich mit Mühe gerettet hatte, auf einer Klippeninsel zurückließ, fuhr er in einem offenen Boot zunächst die Küste entlang nordwärts und gelangte schließlich glücklich nach Java. Als er mit einem Schiff nach den Abrolhos zurückkehrte, war unter der zurückgelassenen Mannschaft eine Meuterei ausgebrochen, die schon zahlreiche Opfer – fast die Hälfte der Besatzung – gefordert hatte. Pelsart ließ die Meuterer aufhängen und brachte die Überlebenden nach Java.

Das Einlenken der südlichen Küste nach Osten, wie es besonders Peter Nuyts festgestellt hatte, ließ allmählich vermuten, dass die bisher entdeckten Landteile nicht dem großen Südlande angehörten. Nachdem zur weiteren Erforschung der holländische Generalstatthalter von Batavia, Antonio van Diemen, im Jahr 1636 die beiden Schiffe »Kleinamsterdam« und »Wezel« unter dem Kapitän Ger. Th. Paol, der übrigens gleich zu Beginn der Expedition auf Neuguinea von den Eingeborenen ermordet wurde, ohne großen Erfolg ausgesandt hatte, schickte er sechs Jahre später nochmals eine Expedition von zwei Schiffen aus.

1642 fuhr Abel Janszoon Tasman, der den Ruhm erwerben sollte, der erfolgreichste unter den holländischen Entdeckern zu sein, mit den beiden Schiffen »Hemskirk« und »Zeehaan« von Java über die Insel Mauritius östlich über den Indischen Ozean, umfuhr in weiter Entfernung die bisher entdeckte Nordwestküste Australiens und stieß im Dezember 1642 auf Land, das sich mit bewaldeten Bergketten aus dem Meer erhob. Tasman nannte es nach seinem Auftraggeber Van-Diemens-Land. Heute trägt es, wohl gerechter, den Namen Tasmanien.

Tasman kannte die Inselnatur des von ihm entdeckten Landes freilich nicht, glaubte vielmehr, dass es mit dem Nuyts-Land zusammenhinge. Er ankerte in der Frederik-Hendrik-Bay, umfuhr die Insel im Süden und, indem er weiter nach Osten fuhr, die Westküste Neuseelands, folgte ihr nach Norden, ohne die später von Cook entdeckte Straße zu finden, wandte sich dann nordöstlich und gelangte über die Tonga- und Fidschi-Inseln zum Bismarck-Archipel. Diese Fahrt des Tasman machte der Vorstellung ein Ende, dass die bisher entdeckten Küstenteile Australiens die Nordküste des angeblich vom Südpol bis weit nach Norden emporragenden riesigen Südlandes seien.

Im Jahr 1644 begab sich Tasman, wiederum im Auftrag van Diemens', auf eine zweite Reise. Es galt festzustellen, ob Neuguinea von Australien getrennt sei oder nicht und wie weit das Meer von Carpentaria nach Süden reiche, ob es etwa, sich bis nach Nuyts-Land erstreckend, das Land zerteile. Tasman stellte die Golfnatur des Wasserarmes fest und erforschte die

Nordküste westlich des Golfes. Der Wahn, dass Neuguinea mit Australien zusammenhing, blieb allerdings bestehen, da Tasman, ebenso wie 40 Jahre früher Willem Jansz, die Torres-Straße verkannte und die Entdeckung dieser Straße, eifersüchtig von den Spaniern verheimlicht, einundeinhalb Jahrhunderte unbekannt blieb.

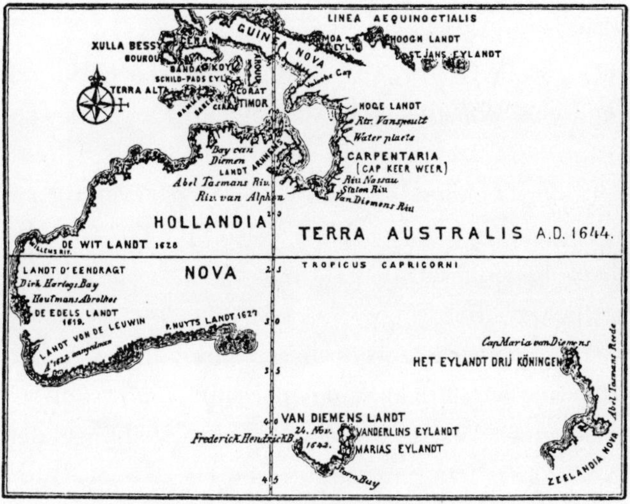

Australien nach der Entdeckungsfahrt von Tasman

Nach Tasman tritt in der Entdeckung Australiens auf längere Zeit ein Stillstand ein; nur ganz geringe Fortschritte in der Erforschung des Landes wurden erzielt. Der Holländer Vlaming entdeckte 1696 auf der Suche nach einem Schiff, das man an den Abrolhos gescheitert glaubte, den Schwanenfluss, den er nach dem dort zum ersten Mal gesehenen schwarzen Schwan benannte. 1699 erforschte der ehemalige Freibeuter William Dampier auf einer Entdeckungsreise, die er im Auftrag der englischen Regierung unternahm, die Dirk-Hartogs-Bucht, welcher er wegen der dort auftretenden zahlreichen Haie den Namen Shark Bay beilegte, und fand an der Nordwestecke Australiens den nach ihm benannten Inselarchipel. Die Auffindung der Ostküste Australiens, die ein Ziel seiner Reise war, gelang ihm nicht.

Erst sieben Jahrzehnte später betrat der berühmte englische Weltumsegler, der eigentliche Entdecker Australiens, James Cook, als erster Europäer dieses Gestade. Cook hat auf seinen drei Weltreisen nur auf der ersten und dritten Reise Australien berührt; das Hauptergebnis für die Erforschung Australiens brachte die erste Reise.

Der eigentliche Zweck dieser Reise, die im August 1768 von Plymouth aus auf dem Schiff »Endeavour« angetreten wurde, war, auf der südlichen Halbkugel den Vorübergang der Venus vor der Sonne zu beobachten. In der Begleitung Cooks befanden sich die beiden Naturforscher Josef Banks und Dr. Solander. Nachdem die astronomische Aufgabe auf Tahiti ausgeführt worden war, segelte Cook nach Neuseeland, entdeckte die Cook-Straße und stieß, nordwestlich weitersegelnd, im April 1770 auf die Ostküste Australiens. Cook berichtet in seinem Tagebuch Folgendes darüber:

»Mittwoch, den 18. April. Um sechs Uhr vormittags erblickten wir Land, das sich in einer Entfernung von fünf bis sechs Leguas von Nordost nach West hinzog. Südlich davon konnten wir kein Land erblicken, und doch war es klar in jener Richtung …

Freitag, den 20. April. Das klare Wetter gab uns Gelegenheit, das Land zu betrachten, das sehr freundlich und viel versprechend aussah, durch Hügel, Höhenzüge, Ebenen, Täler mannigfach gegliedert und mit einigen kleinen Lichtungen, doch größtenteils ganz und gar mit Waldbedeckung. Wir hielten uns nun längs der Küste nach Norden. Nachmittags sahen wir an verschiedenen Orten den Rauch von Feuerstellen.

Sonnabend, den 28. April. Morgens bei Tagesanbruch entdeckten wir eine Bucht, die einigermaßen gegen alle Winde geschützt erschien und in die ich mit dem Schiff einzulaufen beschloss. Als wir einfuhren, sahen wir beiderseits an der Bucht Eingeborene und ein paar Hütten. Als wir uns der Küste näherten, entflohen alle bis auf zwei, die entschlossen schienen, sich unserer Landung zu widersetzen. Ich feuerte eine Flinte ab, doch das hatte nur die Wirkung, dass sie an eine Stelle zurückliefen, an der ein Bündel ihrer Speere lag. Einer von ihnen nahm einen Stein und warf nach uns. Drauf gab ich einen Schrotschuss ab, und obwohl der Mann getroffen wurde, veranlasste es ihn, nun zu einem Schild zu greifen. Bald hernach zogen beide ab, doch nicht so schnell, dass wir nicht einen hätten greifen können. Aber Banks meinte, die Speere wären vergiftet, und warnte mich, als ich auf den Wald zutrat …

Sonntag, den 6. Mai. Die große Zahl Pflanzen, welche Banks und Dr. Solander an diesem Platz fanden, veranlasste mich, ihm den Namen Botany Bay zu geben. Die Eingeborenen, soweit ich sie zu sehen bekam, waren alle sehr dunkelbraun, aber nicht schwarz. Auch hatten sie nicht wolliges, krauses Haar, sondern schwarzes und schlichtes wie wir. Keinerlei Kleidung oder Schmuck war je bei einem von ihnen zu sehen. Wir sahen sie Fische mit Harpunen oder Angelhaken und Leinen fangen, fanden solche auch in ihren Hütten ... Bei Tagesanbruch lichteten wir die Anker und stachen in See. Gegen Mittag befanden wir uns in einer Bucht gegenüber, die guten Ankerplatz zu bieten schien und die ich Port Jackson (der Mann im Ausguck, der den Eingang der Bucht entdeckte, hieß Jackson) nannte.«

Cook verfolgte die Küste, die er »wegen ihrer großen Ähnlichkeit mit jenem Teile des Britischen Reiches« New South Wales genannt hatte, weiter nach Norden bis zum Kap York, umfuhr es und befand sich im Golf von Carpentaria. Damit war bewiesen, was ja schon Torres, aber ohne dass die Mitwelt davon erfuhr, festgestellt hatte, dass Neuguinea von Australien getrennt war.

Auf seiner zweiten Reise (1772–1775), die der Erforschung der Südsee galt und dem Wahn von dem Vorhandensein eines großen Südlandes ein Ende bereitete, entdeckte Cook im September 1774 die von ihm nach der berühmten englischen Familie benannte Norfolk Island. Cook schilderte diese Insel als unbewohnt, aber als außerordentlich fruchtbar; sie rage in steilen Felsen aus dem Meer empor und biete keinen günstigen Landungsplatz.

Erst dreizehn Jahre später erinnerte man sich in England der Berichte Cooks. Aufgrund seiner Schilderung von der Botany Bay entschloss sich die englische Regierung, dorthin ihre Verbrecher zu verbannen, als ihr die bisherigen Verbannungsorte verschlossen wurden. Unter dem Befehl von Captain Arthur Phillip ging der erste Transport im Jahr 1787 von England ab. Sydney, die heutige Hauptstadt von New South Wales, wurde gegründet. Norfolk Island wurde von der neuen Verbrecherkolonie aus besiedelt.

Wie England mit seinen Verbrechern verfuhr und was sich daraus für Australien ergab

Das englische Strafrecht hat wie die übrigen europäischen Strafrechte bis zum Anfang des 18. Jahrhunderts von der Androhung der Todesstrafe einen sehr ausgedehnten Gebrauch gemacht. Mit dem Tode wurden Hochverrat – *laesa majestatis*, worunter auch Urkundenfälschung und Falschmünzerei fiel –, Mord, Totschlag, Körperverletzung, Raub, Notzucht und Diebstahl bestraft. Die Entwicklung zur Milde und Humanität führte im englischen Strafrecht zur Einführung der Verbrecherverschickung, die bewusst und in politischer Berechnung in den Dienst der englischen Kolonisation fremder Weltteile gestellt wurde. Die Verschickung wurde als Ersatz für die Todesstrafe angesehen, welche gesetzlich bis zum Jahre 1827 für die erwähnten Verbrechen in Kraft blieb.

Das erste Gesetz, in dem von einer Verschickung die Rede war, wurde 1597 unter der Königin Elisabeth erlassen; es bestimmte, dass »gefährliche Landstreicher und solche, welche von ihrem Landstreicherleben nicht abgebracht werden konnten«, in die Kolonien »verbannt« (banished) werden konnten, nachdem ihnen die linke Schulter mit einem R (rouge = Vagabund) gebrandmarkt worden war, um sie jederzeit kenntlich zu machen und um ihnen die Rückkehr in die Heimat zu erschweren. In dem Gesetz war nichts darüber gesagt, welche Kolonie sich dieses verheißungsvollen Zuwachses erfreuen sollte; es ist auch unbekannt, ob von dieser Verbannung überhaupt Gebrauch gemacht worden ist.

1619 aber, zurzeit des frommen Königs Jakob I., nahm die englische Verschickungsstrafe einen sonderbaren Auftakt. In einem an den Rat der nordamerikanischen Kolonie Virginia gerichteten Schreiben ward angekündigt, dass »hundert liederliche Dirnen, welche der Hofmarschall zu diesem Zwecke ausliefern würde«, nach Virginia gesandt würden. Virginia! – Sir Walter Raleigh hatte es 1584 bei seiner Besitzergreifung für England zu Ehren seiner Königin Elisabeth so genannt. Mit dieser würdevollen Bezeichnung stand es ein wenig in Widerspruch, wenn das Land nunmehr zur Aufnahme der Londoner Straßendirnen diente. Die Botschaft des Mutterlandes wurde in der Kolonie jedoch mit Freude vernommen. Die englischen Ansiedler zeigten keine Neigung, es den Spaniern und Portugiesen gleichzutun und eine »lasterhafte Mischrasse« zu gründen und hatten schon lange Sehnsucht nach weißen Frauen verspürt. Die Begeisterung bei der Ankunft des weiblichen Straßengesindels war, trotz des Protestes des Rates von Virginia, der sich für den Auswurf Londons nicht erwärmen konnte, denn auch so groß, dass für eine Dirne 120 Pfund Tabak gezahlt wurden. Die Kaufehe blühte solchergestalt, und der Mädchenhandel bekam der Schatulle des gottesfürchtigen Königs Jakob I. so vortrefflich, dass weitere Sendungen folgten und ab und an derart zur Zufriedenheit der Käufer ausfielen, dass die Dirnen pro Kopf 150 Pfund Tabak einbrachten. Allmählich jedoch wurden die Ansprüche der Ansiedler höher, der Mangel an weißen Frauen wurde weniger drückend, man erinnerte sich des ehrenvollen Namens seines Landes – ja, im Jahr 1632 geschah es, dass zwei junge Mädchen wieder nach England zurückgesandt wurden, weil sie ihrem Gewerbe während der Überfahrt nachgegangen waren und deshalb als unwürdig erachtet wurden, »das Geschlecht Virginias fortzupflanzen«.

Dies war der sonderbare Auftakt. Zu einer vollen Anwendung der Verschickung als Strafmittel kam es jedoch erst unter Karl II. durch zwei Gesetze aus den Jahren 1678 und 1682. Das Gesetz von 1678 gebrauchte zum ersten Mal den Ausdruck »transportation«, welcher als Bezeichnung für die englische Verbannungsstrafe beibehalten worden ist. Durch die beiden Gesetze erhielten die Richter die Ermächtigung, bestimmte Verbrecher (Räuber, Landstreicher) lebenslänglich nach Amerika zu verschicken und die Schwerverbrecher an Stelle der Todesstrafe zu siebenjähriger Transportation zu begnadigen. Was den letzteren Fall betrifft, so handelte es sich genau genommen um einen Aufschub der Todesstrafe, denn diese war im Falle der Rückkehr aus Amerika nachträglich zu vollstrecken. Wer der Hinrichtung entgehen wollte, blieb zeit seines Lebens in der Kolonie. Die Transportation war damit in das englische Strafsystem als das der Todesstrafe nächst schwerste Strafmittel aufgenommen; sie ist dies auch bis zu ihrer Abschaffung 1857 geblieben.

Ein weiterer wesentlicher Ausbau der Transportationsstrafe geschah durch ein Gesetz aus dem Jahre 1717 unter König Georg I. Im damaligen englischen Strafrecht fand sich das *beneficium clericale.* Ursprünglich bedeutete es, dass die Geistlichkeit nicht der staatlichen, sondern lediglich der kirchlichen Gerichtsbarkeit unterstand. Dieses »Privileg« wurde allmählich auf alle Personen ausgedehnt, die Lesen und Schreiben konnten. Man erinnert sich vielleicht, wie in Thackerays »Geschichte des Henry Esmond« jener übel berüchtigte, verbrecherische Lord Mohun, der den Vater Henrys, Lord Castlewood, ermordete, straflos ausging, da er »nachweisen konnte, dass er ein studierter Mann sei«. Ursprünglich waren solche Verbrecher von jeder Bestrafung befreit. Im 15. Jahrhundert wurden sie auf der linken Hand gebrandmarkt, zum Beispiel im Fall eines Mordes mit dem Buchstaben M (murder). Seit 1576 konnten sie mit einer Freiheitsstrafe von sechs Monaten bis zu zwei Jahren belegt werden. Das Transportationsgesetz von 1717 bestimmte nunmehr, dass diese Verbrecher zu einer Transportation auf sieben Jahre zu verurteilen waren. Bei den übrigen Verbrechern jedoch, die keinen Anspruch auf das *benefit of clergy* erheben konnten, sollte anstelle der Todesstrafe auf eine vierzehnjährige Transportation erkannt werden. Schließlich wurde durch ein Gesetz aus dem Jahr 1718 die Transportation – und zwar auf sieben Jahre – auch als Strafe für den »kleinen Diebstahl« (petit larceny) eingeführt, sodass sie nunmehr zur Ahndung aller Straftaten, mit Ausnahme der geringfügigen Übertretungen (misdemeanours), diente. Mörder, Räuber, Landstreicher, Einbrecher, Diebe – sie wurden alle mit derselben Strafe belegt und nach Amerika in die Kolonien verschickt. Wie diese Gesetze beweisen, waren keine rechtspolitischen Erwägungen mehr maßgebend, der Vollzug der erkannten Strafe hatte, abgesehen vielleicht von dem Zweck der Sicherung, keinen kriminalpolitischen Sinn mehr, er diente vielmehr ganz und wesentlich einseitig überwiegend dem Zweck der Kolonisation der englischen überseeischen Ansiedlungen und Kolonien. In vielen Besitzungen herrschte, besonders in Nordamerika, großer Mangel an Arbeitskräften. Durch die Transportation wurden die fehlenden Arbeitskräfte geliefert, indem die verschickten Verbrecher zur Zwangsarbeit verwandt wurden. Nicht dem weiteren Schicksal oder gar der Betreuung und den Bemühungen um Besserung des Verbrechers galt das Strafmittel der Transportation, sondern der Absicht, die Arbeitskraft der Verschickten in vollem Maß auszubeuten. Dem entspricht auch der Verlauf, den die Tranportation zu nehmen pflegte. Dieser Verlauf ist sonderbar genug, wenn man bedenkt, dass die Einschränkung der bisher so ausgedehnt angewandten Todesstrafe durch die Einführung und den weiteren Ausbau der Verschickungsstrafe zu einem Teil auch aus Gründen der Humanität geschehen sein mochte.

Die Vollstreckung der Verschickungsstrafe geschah nicht durch staatliche Organe, vielmehr erhielten Privatunternehmer, in der Hauptsache Schiffsreeder, für den Transport nach Amerika die freie Verfügung über die Arbeitskräfte der Verschickten übertragen. Um das weitere Schicksal der Verschickten kümmerte sich der Staat nicht. Der Transport, dessen Kosten die Unternehmer möglichst niedrig zu halten trachteten, war in den meisten Fällen ein Martyrium für die Verurteilten. Sie wurden ohne Trennung nach Alter, Geschlecht und Straftat im dunklen Zwischendeck der damaligen Schiffe eng zusammengepfercht, wurden kümmerlich verpflegt und ohne jede ärztliche Hilfe gelassen. Verlängerten ungünstige Windverhältnisse die an sich schon mehrmonatige Seereise, so stiegen die Zustände ins Grauenhafte. Die dürftigen Nahrungsrationen wurden gekürzt, und es wird berichtet, dass Todesfälle von den Transportierten verheimlicht wurden, indem sie die verwesenden Leichen der Verstorbenen bei sich versteckt hielten, nur um deren Nahrungsrationen zu erhalten.

Bei der Ankunft in der Kolonie verkauften die Unternehmer die Arbeitskräfte der Verschickten für die Dauer der Strafzeit und erzielten in der ersten Zeit der Transportation nicht unbeträchtliche Preise; so wurden anfangs bis zu 500 Franken für einen Transportierten gezahlt, die Käufer erhielten das Recht, über die erstandenen Arbeitskräfte frei zu verfügen, die Verschickten also völlig nach Belieben zu beschäftigen; auch ein Züchtigungsrecht stand ihnen zu.

Im Ganzen lief demnach die Transportationsstrafe auf eine Art weißen Sklavenhandels hinaus, der alles andere als ein Ruhmesblatt in der Geschichte des englischen Strafwesens bildet.

Die Kolonien begannen bald die Transportationen als eine unangenehme Gabe des Mutterlandes zu empfinden. Schon 1676 hatte Maryland, das zu jener Zeit bei den Zusendungen besonders berücksichtigt wurde, entschieden, aber ohne Erfolg gegen die »Importation« von Verbrechern protestiert, da es sich in seiner kolonialen Selbständigkeit beeinträchtigt fühlte. Nach und nach schlossen sich diesem Protest die anderen nordamerikanischen Kolonien an, da sich der immer steigende Verbrecherzuwachs allmählich verhängnisvoll auswirkte. Die Verbrecher entwichen von ihren Arbeitsplätzen, trieben sich in den Kolonien umher und wurden für die Ansiedler zum wahren Schrecken. Nach Einführung der Negersklaven mussten die Ansiedler erkennen, dass die schwarzen Sklaven wesentlich arbeitsfähiger und bequemer waren – der weiße Sklave sank im Wert. Allen Protesten zum Trotz sandte das Mutterland aber weiterhin seine Ware; es war ein offenes Geheimnis, dass einige einflussreiche englische Persönlichkeiten, die in den Kolonien große Ländereien besaßen und auf billige Arbeitskräfte Wert legten, an dem weißen Sklavenhandel allzu sehr und allzu bedenkenlos interessiert waren. Die Verbrecherzuschickung bildete mittlerweile einen ständigen Streitgegenstand zwischen England und den Kolonien. Benjamin Franklin fragte allen Ernstes, was man in England dazu sagen würde, wenn Amerika als Dank und Gegenleistung für die englischen Verbrechertransporte regelmäßig Sendungen von Klapperschlangen nach England schicken würde. Erst der Unabhängigkeitskrieg der nordamerikanischen Staaten, für den die englische Transportation eine der Ursachen war, machte den Verbrecherzusendungen nach Nordamerika im Jahr 1776 ein Ende.

In England war man nunmehr in großer Verlegenheit, was man mit den Verbrechern beginnen sollte. Die Zeiten waren andere geworden; es ging schlechterdings nicht an, wieder zu einer ausgedehnten Anwendung der Todesstrafe zu greifen. Aber in seiner Not ging man zu einer Straftat über, die ähnlich wirkte: zu dem so genannten Hulk-System, jener Unterbringungsweise, die in der Geschichte des Strafvollzugs zu einem berüchtigten Ruf gelangte. Hulks – das waren alte abgetakelte Schiffe, und im Jahr 1776 begann man in Woolwich damit, in diesen die Verbrecher unterzubringen.

Hier herrschten die entsetzlichsten und grauenhaftesten Zustände: Die Sträflinge waren ohne Unterschied von Alter und Geschlecht zusammengepfercht, auf langen Bänken nebeneinander angekettet, es waren Höllen sittlicher Verderbnis; Krankheiten, wie das Hulk-Fieber, rafften jährlich über 30 Prozent der Gefangenen hinweg; es kam vor, dass die Sträflinge mit angefaulten Füßen vorgefunden wurden... Auf die Dauer ging es nicht an, ein derartiges Verfahren beizubehalten. Edle Menschenfreunde, wie der unvergessliche John Howard, erhoben ihre Stimme und schilderten die fürchterlichen Verhältnisse, in denen die gefangenen Rechtsbrecher lebten. Im Jahr 1778 erging zwar ein Gesetz, dass zur Unterbringung der Verbrecher Zellanstalten erbaut werden sollten, in denen Besserung der Gefallenen geübt werden sollte – aber man scheute die Ausgaben für derartige Bauten und hoffte auf eine Gelegenheit, den früheren billigen Weg der »Ausfuhr« der Verbrecher wieder gehen zu können. Man dachte an Kanada, aber die Nachbarschaft der eben abgefallenen Staaten wirkte beunruhigend. Man richtete an Russland das freundliche Anerbieten, die Krim mit den englischen Verbrechern zu besiedeln, aber Russland zeigte kein Verständnis und lehnte ab. Man nannte die westafrikanische Küste, aber das dort herrschende Klima spottete jeder Menschlichkeit und wirkte – gleich dem französischen Cayenne Südamerikas – als »trockene Guillotine«.

Da trat ein Umstand ein, ein Zufall – man verfiel auf eine äußerst fragliche und wagemutige Gelegenheit, die sich eifrig zunutze machen, ohne gehörige Erwägungen und Bedenken zu ergreifen, man keinen Anstand nahm. Über James Cooks erste Reise war im

Jahr 1771 im Auftrag der englischen Admiralität ein Bericht erschienen. Aus ihm erfuhr man, dass Cook am 18. April 1770 auf die Ostküste Australiens gestoßen war und zehn Tage später dort in eine als Hafen geeignete und mit reicher Vegetation ausgestattete Bucht eingelaufen war – die Botany Bay. Auf diesen Bericht verfiel man und gab sich den kühnsten Vorstellungen hin; allgemein, begünstigt durch einen Hinweis von Cooks Reisegenossen Joseph Banks, war man der Ansicht, dass der Landstrich jener Bucht als Transportationsniederlassung und zur Verwirklichung eines Gedankens des Ministers Pitt, zur Aufnahme der Verbrecher eine besondere Kolonie zu gründen, außerordentlich geeignet sei.

Im Jahr 1784 erging eine Parlamentsakte, die den König Georg III. ermächtigte, geeignete Verschickungsorte jenseits der See zu bestimmen. Zwei Jahre später, am 6. Dezember 1786, wurde vom König und vom Staatsrat in der Tat beschlossen, an der Ostküste Australiens eine Niederlassung für die englischen Verbrecher zu gründen. Zugleich wurden alle Anordnungen getroffen, um den ersten Transport in die Wege zu leiten.

Ein unerhört verwegenes, kühnes, ja unüberlegtes Unternehmen! Was wusste man denn von der Ostküste Australiens, vorzüglich von der Botany Bay? Lediglich doch den Bericht Cooks, den wir oben kennen gelernt haben, und die Angaben seiner Reisegenossen, die auch nicht mehr zu sagen wussten, da sie insgesamt doch nur einige wenige Tage in der Botany Bay verweilt hatten. Ein schmaler Küstenraum war, in der Hauptsache vom Bord des Schiffes aus, flüchtig beobachtet. Man wusste nichts von der Bebauungsfähigkeit des Landstriches, nicht viel von den Eingeborenen und der Tierbevölkerung; man wusste nichts Genaues von der Örtlichkeit, die zum Sitz der Ansiedlung dienen sollte – mit einem Wort gesagt: Man wusste so gut wie nichts und sandte an jene unbekannte Küste nicht etwa eine Schar wagemutiger, wackerer Männer, die die Arbeit nicht weniger als das Abenteuer liebten, nicht etwa Männer ohne Furcht und ohne Tadel, brave Pioniere europäischer Kultur – nein, man sandte eine Schar von Verbrechern aus, und zwar nicht, um sie auszusetzen, sondern um eine staatliche Niederlassung, eine Verbrecherkolonie, ein »Zuchthaus im Urwald« zu gründen. Man hatte, wie sich in der Tat bald erwies, die Schwierigkeiten unterschätzt, die ein derartiges Unternehmen zu überwinden hatte. Dass das Ganze überhaupt gelang und nicht gleich von Anfang an fehlschlug, ist der Tätigkeit und dem Talent des Mannes zu danken, dem die Leitung des ersten Transports und der neuen Ansiedlung anvertraut wurde: Captain Arthur Phillip war der rechte Mann am rechten Platz.

Captain Arthur Phillip

Der Schiffskapitän Arthur Phillip wurde am 11. Oktober 1738 in London geboren. Sein Vater, Jakob Phillip, ein Deutscher, aus Frankfurt gebürtig, war Anfang des 18. Jahrhunderts nach England ausgewandert und lebte in London als Sprachmeister. Seiner Neigung entsprechend wurde Arthur Phillip zum Seeberuf bestimmt; er besuchte in Greenwich die Seefahrerschule und trat 1755, im ersten Jahr des Siebenjährigen Krieges gegen Frankreich, in den Seedienst ein. Er nahm an allen Fährnissen des Krieges teil und wurde bei der Eroberung von Havanna am 7. Juni 1761 zum Leutnant ernannt. Nach dem Friedensschluss 1763 heiratete er und wurde in Lyndhurst Landwirt. Sein Seefahrerblut ließ ihn aber nicht lange ruhen; er trat in portugiesische Dienste und nahm am Krieg gegen Spanien in den folgenden Jahren teil.

Als sich im nordamerikanischen Freiheitskrieg Frankreich 1778 den Freistaaten anschloss, stellte sich Phillip seinem Vaterland wieder zur Verfügung. Schon am 13. November 1781 wurde er, 43 Jahre alt, zum Kapitän der Fregatte »Ariadne« ernannt und erhielt einige Wochen später das Kommando der mit 64 Kanonen bestückten »Europe«. Im Jahr 1783 segelte er mit Truppen nach Ostindien, sodass er an allen Kriegen Englands jener Zeit teilgenommen hatte.

Captain Arthur Phillip

Als 1787 die Gründung einer Strafkolonie beschlossen wurde, wurde er zum Führer des ersten Transports und zum Gouverneur des Territoriums von New South Wales und seinen Zugehörigkeiten in Australien ernannt, überhaupt für das gesamte Land vom Kap York 11° 37' bis zum Südkap 43° 30' s. Br. und bis zum 135° ö. L. in das Innere hinein, einschließlich aller benachbarten Inseln der Südsee innerhalb derselben Breitengrade. Dass Phillip Verständnis dafür besaß, eine Ansiedlung von Rechtsbrechern ins Leben zu rufen, geht aus einer Bemerkung hervor, in der er als »Hauptendzwecke der Strafgesetze« bezeichnet, »die Menge der Kapitalstrafen, so viel die öffentliche Sicherheit es erlaubt, zu vermindern; Beschäftigungen jeder Art einzuführen, und die Verbrecher dem Staate nützlich zu machen; ihrer moralischen Sittenverderbnis abzuhelfen, den Fleiß unter ihnen zu befördern und sie in Zukunft gegen die Verführungen, welche sie einmal verleitet haben, zu sichern«.

Die Flotte, welche die Gründung der neuen Ansiedlung vornehmen sollte, bestand aus elf Schiffen, und zwar aus zwei Kriegsschiffen, drei Schiffen – »Golden Grove«, »Fishburn« und »Borrowdale« –, die Lebensmittel, Gerätschaften und andere Vorräte für zwei Jahre enthielten, und sechs Schiffen – »Scarborough«, »Lady Peuryhn«, »Friendship«, »Charlotte«, »Prince of Wales« und »Alexander« –, die dem Transport der Verbrecher dienten. Die beiden Kriegsschiffe waren die unter dem Kommando des Captain John Hunter stehende »Sirius«, die als Flaggschiff des Gouverneurs Phillip diente, und die »Supply«. Auf den Transportschiffen waren die Wachmannschaften (Seesoldaten) und die Sträflinge in folgender Weise verteilt: auf der »Scarborough«: ein Kapitän, 33 Seesoldaten, 208 männliche Verbrecher; auf der »Lady Peuryn«: ein Kapitän, zwei Leutnants, drei Seesoldaten, 102 weibliche Verbrecher; auf der »Friendship«: ein Kapitän, 44 Seesoldaten, 77 männliche Verbrecher, 20 weibliche Verbrecher; auf der »Charlotte«: ein Kapitän, 43 Seesoldaten, 88 männliche Verbrecher, 20 weibliche Verbrecher; auf der »Prince of Wales«: zwei Leutnants, 30 Seesoldaten, 50 weibliche Verbrecher; auf der »Alexander«: zwei Leutnants, 35 Seesoldaten, 213 männliche Verbrecher. Zehn Seesoldaten, die als Wachmannschaften entbehrlich waren, wurden auf der »Sirius« untergebracht. Die Anzahl der Seesoldaten einschließlich der Offiziere betrug 212; 28 Soldaten war es gestattet worden, ihre Ehefrauen und ihre Kinder mitzunehmen. Die Zahl der Gefangenen belief sich auf 778. Noch vor der Abfahrt wurden zwei Mann von der »Alexander« begnadigt, sodass sie in England zurückblieben. Außerdem waren 13 Kinder von Sträflingen auf die Schiffe verteilt.

Als Versammlungsort des kleinen Geschwaders wurde Mother Bank unweit der Isle of Wight bestimmt.

Über die Reise nach New South Wales und über die Gründung der Niederlassung hat Phillip einen 1789 in

London erschienenen Bericht geschrieben. Dieser Bericht, »Voyage to Botany Bay with an account of the establishment of the colonies of Port Jackson and Norfolk Island«, ist im Nachstehenden mit einigen unwesentlichen Kürzungen wiedergegeben. Es ist eine Art behördliche Berichterstattung, eine Rechenschaftsablegung, eine Verantwortung, in die wir Einblick nehmen; so wird es erklärlich, dass Phillip von sich in dritter Person als »dem Gouverneur« spricht. Freilich erscheint uns hier und da sein Bedürfnis, sich selbst Lob und Anerkennung zuteil werden zu lassen, etwas absonderlich.

1794 veröffentlichte Phillip außerdem ein »Tagebuch von den merkwürdigen Ereignissen in der neuen Kolonie vom Juni 1790 bis zum Januar 1792«. Es handelt überwiegend von den Erlebnissen mit den Eingeborenen. Auch andere Teilnehmer der Gründung haben über die erste Zeit der Ansiedlung Berichte geschrieben, so der Oberrichter der Kolonie, David Collins, und der Kapitän der »Sirius«, John Hunter. Über die Zweigniederlassung auf Norfolk Island, die im Februar 1788 von Sydney aus gegründet wurde, hat deren erster Kommandant, Leutnant Gidley King, einen Bericht geschrieben. Da dieser Bericht im Kleinen das Abenteuerliche der ganzen Unternehmung besonders gut veranschaulicht und zugleich die erste ausführliche Schilderung der Norfolk Island darstellt, hat ein kleiner Auszug daraus hier Aufnahme gefunden. Auch ein kurzer Abschnitt aus John Hunters »An historial

Journal of the Transactions at Port Jackson and Norfolk Island« ist wiedergegeben. – Für den dritten Teil des vorliegenden Buches haben die vorstehend erwähnten und andere zeitgenössische Berichte die Quellen gebildet.

Der Bericht

des Gouverneurs

Arthur Phillip

aus dem Jahr 1789

Die Reise nach New South Wales im Jahr 1788

Am 9. Mai 1787 traf Captain Arthur Phillip in Portsmouth ein und hisste bei seiner Ankunft auf der Mother Bank an Bord der »Sirius« seine Flagge als Chef des kleinen Geschwaders. Am 13. Mai, bei Tagesanbruch, gab er den Befehl zur Abfahrt.

Die königliche Fregatte »Hyäne«, welche die kleine Flotte bis außerhalb des Kanals begleitete, um Nachrichten über den ersten Teil der Reise zurückzubringen, kehrte am 20. Mai wieder um, ohne einen Bericht erstatten zu können, weil die See so stürmisch war, dass der Verkehr zwischen den Schiffen unmöglich war und der Gouverneur es auch höchst beschwerlich fand, sich zum Schreiben niederzusetzen.

Bereits am nächsten Tag wurde auf der »Scarborough« der Plan einer Meuterei entdeckt. Die Sträflinge dieses Schiffes, die sich wahrscheinlich auf ihre große Anzahl verließen, hatten die Absicht, sich in den Besitz des Schiffes zu setzen und die Flotte bei Nacht zu verlassen. Zwei von den Rädelsführern wurden zur Bestrafung an Bord der »Sirius« geführt. Auf Anordnung des Gouverneurs erhielten sie eine gehörige Züchtigung und wurden dann, um sie von ihren Genossen zu trennen, an Bord der »Prince of Wales« gebracht.

Am 3. Juni ging die Flotte in Santa Cruz auf der Insel Teneriffa vor Anker, im Wesentlichen deshalb, weil der Gouverneur Phillip wünschte, sich einen Vorrat von Nahrungsmitteln und frischem Wasser zu verschaffen. In Santa Cruz, wie später auch in jedem anderen Hafen, wurde das Schiffsvolk, die Soldaten und die Verurteilten mit frischem Fleisch, mit Früchten und dem versehen, was sie nur vor den Krankheiten bewahren konnte, die, wie ehemals der Skorbut, bei langen Reisen unvermeidlich waren. Die Seesoldaten bekamen täglich ein Pfund Brot, ein Pfund Rindfleisch und ein Pint Wein pro Mann; die Sträflinge erhielten aber nur ein drei viertel Pfund Rindfleisch, ebenso viel Brot und keinen Wein. Dass während der ganzen Reise alle Mittel zur Erhaltung der Gesundheit mit Erfolg angewandt wurden, geht aus der Anzahl der Kranken und Gestorbenen hinlänglich hervor. Scheint die Zahl der Sträflinge, die zwischen der Einschiffung und dem Landen der Flotte an ihrem Bestimmungsort starben, auf den ersten Blick auch hoch zu sein, so muss man bedenken, dass der Tod nur solche Leute traf, die durch ein hohes Alter oder durch Krankheiten, die sie sich früher im Gefängnis oder anderswo zugezogen hatten, geschwächt waren. Am 4. Juni wurde dem Gouverneur ein Bericht von dem Gesundheitszustand der Mannschaft und der Sträflinge überreicht. Auf sämtlichen Schiffen waren neun Seesoldaten und 72 Sträflinge krank; gestorben waren seit der Einschiffung 21 Sträflinge und drei von deren Kindern.

Gouverneur der Kanarischen Inseln war um diese Zeit der Marquis von Branciforte, von Geburt ein Sizilianer. Er hielt sich, wie gewöhnlich, zu Santa Cruz auf und erwies dem Gouverneur Phillip und den Offizieren großes Entgegenkommen. Der Hafen von Santa Cruz ist zwar nicht außergewöhnlich schön, aber doch der beste auf den Kanarischen Inseln; die Schiffe, die diese Gegend besuchen, legen gewöhnlich in ihm an.

Die Kanarischen Inseln sind schon zu Anfang des 15. Jahrhunderts von den Spaniern in Besitz genommen und besiedelt worden. Schon im Altertum waren diese Inseln unter dem Namen »Glückliche Inseln« bekannt; so werden sie von Ptolemäus und Plinius erwähnt. Die Alten machten diese Inseln zum Sitz fabelhafter Begebenheiten und suchten den Mangel wirklicher Kenntnisse durch ihre Phantasie zu ersetzen. Aber auch die neueren Berichte kann man von einem ähnlichen Vorwurfe nicht ganz freisprechen. So stand die Insel Ferro vor hundert oder zweihundert Jahren in dem Ruf, auf ihr wachse ein wunderbarer, in seiner Art einziger Baum, der in ewigen Nebel eingehüllt sei und genügend Wasser auströpfle, um die Insel damit reichlich zu versehen. Aber obgleich dieses Wunder von verschiedenen Reisenden – von einigen sogar, als wären sie Augenzeugen – bestätigt wird, verschwindet es doch bei kaltblütiger Untersuchung. Es gibt auch nicht einen einzigen Eingeborenen, der dreist genug wäre, das Vorhandensein des Wunderbaumes zu behaupten.

Der Aufenthalt auf Teneriffa dauerte eine Woche. Unsere Schiffe rüsteten sich schon zur Abfahrt, als am

Abend des 9. Juni ein Sträfling der »Alexander«, den man auf dem Verdeck gebraucht hatte, einen Augenblick ungenügender Beaufsichtigung benutzte, ein Boot loszuschneiden und damit zu entfliehen. Er ward aber bald vermisst und wieder eingeholt.

Am 10. Juni hatten die Schiffe ihren Wasservorrat ergänzt; am frühen Morgen des nächsten Tages setzte die Flotte ihren Weg fort.

Da es zu Santa Cruz nicht so viel Gemüse gab, dass man sich hinlänglich hätte damit versehen können, so hatte Gouverneur Phillip die Absicht, für etwa 24 Stunden in der Bucht von Porto Praya, auf der Insel St. Jago, zu ankern. Die Inseln auf dieser Seite des Atlantischen Meeres scheinen gleichsam ausdrücklich an ihren Ort verlegt zu sein, um die Fahrt nach und von dem Kap der Guten Hoffnung zu erleichtern, indem sie den Schiffen eine so bequeme Gelegenheit zur Ergänzung ihrer Vorräte bieten. Ungefähr im 40° n. Br. liegen die Azoren; im 30° liegt Madeira; zwischen 29° und 27° liegen die Kanarischen und zwischen 18° und 16° die Kapverdischen Inseln.

Am 18. Juni bekam die Flotte die Kapverdischen Inseln zu Gesicht. Wegen des herrschenden ungünstigen Windes wurde aber die Absicht, nach St. Jago zu steuern, aufgegeben, und die Schiffe setzten ihren Weg nach Rio de Janeiro, dem nächsten Ort ihrer Bestimmung, fort.

Vermutlich wird man es für den ersten Augenblick recht sonderbar finden, dass Schiffe, die zum Kap der

Guten Hoffnung segeln wollen, es ratsam finden, einen Hafen Südamerikas anzulaufen. Es scheint ein weiter Umweg zu sein, quer über das Atlantische Meer zu segeln, nur um jene Küste zu erreichen. Eine etwas nähere Untersuchung wird aber diese Bedenken zerstreuen. Die an der afrikanischen Seite des Atlantischen Meeres so häufigen Windstillen sind für den Seefahrer schon an sich ein hinlänglicher Grund, sich weit nach Westen zu halten; außerdem nähern ihn die Inseln, bei denen anzulegen ebenso notwendig wie bequem ist, bis auf wenige Grad der südamerikanischen Küste. In dem Breitengrad, den unser Geschwader nunmehr erreicht hatte, sind die beiden Weltteile einander so nahe, dass man sich notwendigerweise dem einen bis auf eine geringe Entfernung nähern muss, wenn man dem anderen ausweichen will.

Seit den Kapverdischen Inseln hatte die Flotte einige Tage lang viel unter großer Hitze und heftigem Regen zu leiden. Die in allen Schiffen unabänderlich beobachtete Vorsorge verhütete glücklicherweise alle gefährlichen Krankheiten. Auch hielt das drückend heiße Wetter nicht so lange an, als man es in diesen Breiten hätte erwarten sollen; noch ehe der Äquator erreicht war, hatte sich die Hitze wesentlich gemildert. Wohlbehalten kam die Flotte am 6. August im Hafen von Rio de Janeiro an.

Die Stadt Rio de Janeiro, zuweilen nach ihrem Schutzpatron auch St. Sebastian genannt, ist die Hauptstadt von ganz Brasilien und seit einiger Zeit die

Residenz des Vizekönigs. Man gab ihr den Vorzug vor der ehemaligen Hauptstadt San Salvador, weil man im Jahr 1730 in ihrer Nachbarschaft Diamantengruben entdeckte. Der Ort nahm durch den Reichtum, den er auf diese Weise erhielt, äußerst geschwind zu. Der Hafen ist einer von den besten in der Welt, am Eingang sehr schmal und innen geräumig genug, um mehr Schiffe zu fassen, als jemals beisammen gesehen worden sind. Der Eingang des Hafens wird von Forts verteidigt.

In diesem Hafen müssen alle Kauffahrteischiffe, sowohl portugiesische als fremde, bestimmte Abgaben entrichten. Auch von unseren Transportschiffen forderte man den Eingangszoll. Als aber Gouverneur Phillip erklärte, dass sie mit königlichen Vorräten beladen wären, bestand man nicht auf Entrichtung des Zolles.

In der Beschreibung von Captain Cooks Reise im Jahr 1768 findet man, dass sich bei seiner Ankunft viel Argwohn vonseiten des Vizekönigs zeigte; es wurde selbst denen, die nur wissenschaftliche Untersuchungen zu machen wünschten, das Betreten des Landes verboten. Die Ausnahme, die der gegenwärtige Vizekönig Don Lewis de Varconcellos dem Gouverneur Phillip und seinen Offizieren bereitete, unterschied sich von jener Behandlung sehr: Sie war in hohem Grade artig, höflich und schmeichelhaft und war frei von jedem Anschein einer misstrauischen Vorsicht.

Die Lebensmittel waren hier sehr wohlfeil. Wein war um diese Jahreszeit nicht zu haben. Rum aber nahm man in großen Mengen mit. Auch verschaffte man sich allerlei Sämereien und Pflanzen, von denen man glaubte, dass sie an der Küste von New South Wales gedeihen würden, besonders Kaffee, Indigo, Baumwolle und die Cochenillfeige.

Durch das Entgegenkommen des Vizekönigs konnte der Mangel an Munition für die Soldaten, der bei der Ausrüstung der Flotte übersehen worden war, durch Ankauf aus den königlichen Arsenalen beseitigt werden.

Es verging beinahe ein Monat, ehe Gouverneur Phillip die Schiffe mit allen erforderlichen Bedürfnissen versehen hatte. Endlich wurden am 4. September die Anker gelichtet. Als man bei dem Fort vorbeisegelte, erwies der Vizekönig die letzte Ehre und sandte einen Gruß mit 21 Kanonen. Dieses Kompliment wurde mit einer gleichen Anzahl Schüsse von der »Sirius« erwidert.

Ununterbrochen günstig und ohne außerordentliche Vorfälle verlief die Weiterreise zum Vorgebirge der Guten Hoffnung. Am 13. Oktober ging die Flotte in der Tafelbucht vor Anker, wo sie zum letzten Mal Erfrischungen und Vorräte an Bord nehmen sollte. Während dieser Zeit war niemand weiter gestorben, ausgenommen ein Sträfling von der »Charlotte«, der von ungefähr in die See fiel und durch keine Bemühungen gerettet werden konnte.

Die Tafelbucht, an der Nordwestseite des Kaps, hat ihren Namen von dem Tafelgebirge, einem Vorgebirge von beträchtlicher Höhe, an dessen Fuß, beinahe im Mittelpunkt der Bucht, Kapstadt, die wichtigste unter den holländischen Ansiedlungen in jenem Lande, liegt. Diese Bucht kann eigentlich nicht als Hafen bezeichnet werden, da sie kein sicherer Ort für Schiffe ist. Sie steht dem ganzen Ungestüm der Winde von der Seeseite her offen und bietet auch gegen Stürme von der Landseite her keinen hinlänglichen Schutz, ja, die Windstöße von dem Gipfel des Tafelberges herunter sind heftig genug, Schiffe von ihren Ankern zu reißen. Unsere Flotte lag jedoch während des Aufenthaltes in der Tafelbucht ruhig und ungestört.

Wir fanden hier die Lebensmittel bei weitem nicht so reichlich und so preiswert vor, als wir es erwartet hatten. Das Land, das die Holländer hier kultivieren, ist zum Anbau wenig tauglich. Man ist wirklich darüber erstaunt, dass die Holländer genügend Lebensmittel für sich und die vielen fremden Schiffe gewinnen können, die sich beim Kap unaufhörlich einfinden.

Die Gegend am Kap ist also nicht so reizend und angenehm wie die um Rio de Janeiro; aber der Gouverneur, Mynheer van Graafe, blieb in der Aufmerksamkeit gegen die englischen Offiziere nicht viel hinter dem Vizekönig von Brasilien zurück. Sie wurden von ihm zu Tische eingeladen, auf das Beste bewirtet und hatten Grund, in jeder Beziehung mit seinem Charakter und Betragen zufrieden zu sein.

Im Verlauf eines Monats wurden lebendiges Vieh und andere Bedürfnisse angeschafft; die Schiffe, die nicht weniger als 500 Tiere von verschiedener Art, hauptsächlich aber Federvieh, an Bord hatten, bekamen ein Ansehen, das natürlich genug an Noahs Arche erinnerte. Was sie erhielten, war sehr beträchtlich, wenn man bedenkt, dass die Gegend kurz vorher Misswachs gehabt hatte, aber man musste es viel teurer kaufen, als es zu besseren Zeiten geschehen sein würde.

Am 12. November ging die Flotte unter Segel und ward einige Tage sehr von starken Winden aus Südosten aufgehalten. Am 25. verließ Gouverneur Phillip die »Sirius« und ging an Bord der »Supply«. Er hoffte nämlich, wenn er sich von der Flotte trennte, so würde er vor Ankunft der Transportschiffe hinlänglich Zeit gewinnen, die Gegend rings um Botany Bay zu untersuchen und die Stelle zu bestimmen, die für die Kolonie am besten zu wählen wäre. Zugleich befahl er, dass sich drei Transportschiffe, die »Alexander«, die »Scarborough« und die »Friendship«, welche die besten Segler waren, von dem Geschwader trennten und ihm folgten. Major Ross, der Kommandeur der Seesoldaten, verließ nun die »Sirius« und ging an Bord der »Scarborough«, um die Abteilung zu begleiten, die wahrscheinlich zuerst landen würde. Captain Hunter auf der »Sirius« sollte mit den Vorrats- und den übrigen Transportschiffen folgen; er erhielt die nötigen Verhaltungsbefehle, falls etwa der »Supply« irgendein Unglück zustoßen sollte. Lieutenant King, der später das Kommando über Norfolk Island erhielt, begleitete den Gouverneur auf der »Supply«.

Von dieser Zeit an bis zum 3. Januar 1788 war der Wind äußerst günstig und wehte beinahe beständig stark aus Nordwest, West und Südwest. Bei diesem günstigen Wind vollendete die »Supply«, die auf der Reise sehr gelitten hatte und kaum noch einen sicheren Aufenthalt bot, eine Fahrt von mehr als 7 000 englischen Meilen in 51 Tagen. Am 3. Januar erblickte sie schon die Küste von New South Wales. Wegen starker Strömungen nach Süden und sehr veränderlichen Winden erreichte sie aber die Botany Bay erst am 18. Januar 1788.

Auf der Suche nach einem Siedlungsplatz

Gleich nach der Landung in der Botany Bay kamen wir mit den Eingeborenen zusammen. Sie waren alle bewaffnet. Da sie aber den Gouverneur allein und unbewaffnet auf sich zukommen sahen, so erwiderten sie sein Zutrauen und legten ihre Waffen nieder. Sie waren völlig unbekleidet, schienen aber großen Gefallen an Putz zu finden, denn sie hingen die Korallen und den roten Fries, die man ihnen schenkte, an den Kopf oder an den Hals und fanden dem Anschein nach Vergnügen daran. Alle Geschenke, die wir ihnen anboten, wurden bereitwillig angenommen. Solange die Schiffe in der Botany Bay blieben, fiel nicht die geringste Misshelligkeit mit ihnen vor.

Gleich nach der Landung wurde zur Untersuchung der Bucht geschritten. Es zeigte sich, dass sie, obgleich geräumig, vor den Ostwinden nicht genügend geschützt war und dass wegen ihrer geringen Tiefe selbst Schiffe von mäßiger Größe außerhalb der Bucht hätten ankern müssen, wo sie bei östlichem Winde heftigen Wogen ausgesetzt sein würden.

An verschiedenen Stellen entdeckte man in der Bucht kleine Bäche von süßem Wasser, aber nirgends zeigte sich ein Platz, gegen den nicht wesentliche Einwendungen zu machen waren. So war an der nördlichen Seite ein kleiner Meerbusen, der sich ziemlich weit hinein ins Land erstreckte, aber nur ein Boot tief war und dessen Uferstrecken außerordentlich sumpfig waren. Auch der westliche Arm der Bucht erstreckte sich tief ins Land hinein, aber außer einem kleinen, ganz unbedeutenden Bächlein fand man kein süßes Wasser dort.

Die südliche Spitze bot noch die beste Stelle, weil man dort einen Südwasserbach von hinlänglicher Größe vorfand. Aber dieser Gegend der Bucht konnten sich die Schiffe nicht nähern, und auch hier war der Boden feucht und sumpfig. Eine kleinere Anzahl Kolonisten hätte vielleicht an verschiedenen Stellen einen guten Wohnort gefunden, aber nirgends an der Botany Bay fand man einen Platz, der zur Aufnahme einer so beträchtlichen Niederlassung wie der unserigen gepasst hätte.

Noch während man diese Erkundigungen anstellte, kam schon die ganze Flotte an. Am 19. Januar warfen die »Alexander«, die »Scarborough« und die »Friendship« in der Botany Bay die Anker, am 20. auch die »Sirius« mit dem Rest der Flotte. Alle Schiffe waren von Krankheiten verschont geblieben.

Die ungeschützte Lage der Bucht und die Feuchtigkeit des Bodens, die wahrscheinlich einen nachteiligen Einfluss auf die Gesundheit gehabt hätte, bewogen den Gouverneur, sich nach einem anderen Ort für die Kolonie umzusehen. Er beschloss daher, Port Jackson zu untersuchen, eine Bucht, die ebenfalls Cook erwähnt und die nordwärts ganz in der Nähe liegen sollte. Der Gouverneur brach sofort mit den Booten auf und nahm den Captain Hunter und einige andere Offiziere mit, damit verschiedenen Teile der Bucht zu gleicher Zeit untersucht werden könnten. Am 22. Januar fuhren sie ab und erreichten Port Jackson bereits am frühen Nachmittag desselben Tages. Der erste Anblick dieses Hafens ließ alle bisherigen Enttäuschungen und allen Missmut schwinden, denn man fand einen der schönsten Seehäfen der Welt vor, in dem tausend Schiffe in vollkommener Sicherheit vor Anker liegen können.

Mit möglichster Schnelligkeit erforschte man die verschiedenen Buchten des Hafens. Als Niederlassungsort wählte man eine, welche die beste Wasserquelle hat und wo die Schiffe so dicht am Ufer ankern können, dass sich mit geringen Kosten Kaie erbauen lassen, an denen die größten Schiffe ihre Ladung aus- und einnehmen können. Zu Ehren des Lord Sydney gab der Gouverneur ihr den Namen Sydney Cove (Sydney-Bucht).

Gleich nach Ankunft der Boote in Port Jackson zeigte sich ebenfalls am Landungsplatz ein Haufen von Eingeborenen. Auch diese waren mit Lanzen bewaffnet und schrien anfangs sehr laut. Durch freundliches Entgegenkommen wurde ihr Argwohn aber bald zerstreut, und freimütig nahmen sie alles an, was man ihnen anbot. Besonders einer von ihnen, der das Oberhaupt des Stammes zu sein schien, zeigte zu uns großes Vertrauen. Er näherte sich dem Ufer, wo die

Mannschaft der Boote gerade ihr Essen kochte, blieb einen Augenblick stehen und schien mit großer Entschlossenheit durch Worte und Gebärden Rache zu drohen, falls man seine Lage missbrauchen wollte, trat dann aber gelassen heran, um zu sehen, was in dem Topf gekocht wurde. Der Gouverneur gab sich Mühe, ihm zu zeigen, dass man große Muscheln ganz ähnlich verwenden könnte.

Als die Boote nahe bei einer Landspitze in diesem Hafen vorbeifuhren, wurden sie wiederum von einer Anzahl Eingeborener bemerkt. 20 von diesen wateten unbewaffnet ins Wasser, nahmen die ihnen dargebotenen Geschenke an und betrachteten die Boote mit großer Aufmerksamkeit. Ihr Zutrauen, ihr Mut und ihr männliches Betragen machten dem Gouverneur das größte Vergnügen und bewogen ihn, diesem Platz den Namen Manly Cove (Mannhafte Bucht) beizulegen. Dieselben Wilden fanden sich später wieder ein, als wir landeten, um unsere Mittagsmahlzeit einzunehmen. Diesmal aber waren sie bewaffnet, zwei mit Holzstöcken und Schildern, die Übrigen mit Speeren. Einer von diesen Männern hatte sich den ganzen oberen Teil des Gesichtes mit einer Art von weißem Ton beschmiert, was beinahe wie eine Maske wirkte. Später sahen wir auch eine Frau, die sich das Gesicht, den Hals und die Brust auf gleiche Art bemalt hatte und uns ganz abscheulich in ihrem Putze vorkam; ihren Landsleuten aber wird sie vermutlich unwiderstehlich schön erschienen sein.

Während der Zubereitung der Mahlzeit wurde die Neugier der Eingeborenen sehr lästig; durch einen unschuldigen Kunstgriff wurde das aber beseitigt. Der Gouverneur zog nämlich einen Kreis um die Stelle, wo die Engländer waren, und gab den Eingeborenen zu verstehen, dass sie diese Linie nicht überschreiten dürften. In der Tat setzten sie sich alle ruhig außerhalb des Kreises nieder.

Nachdem der Gouverneur Port Jackson hinlänglich untersucht und in jeder Beziehung seinen Wünschen entsprechend befunden hatte, kehrte er am 24. Januar nach Botany Bay zurück. Die Berichte über die Erforschungen, die man hier unterdessen noch angestellt hatte, waren in so hohem Grade ungünstig, dass man nunmehr unmöglich noch länger in der Wahl des Platzes für die Niederlassung schwanken konnte. Gouverneur Phillip gab denn auch sogleich Befehl, dass sich die ganze Flotte nach Port Jackson begeben solle.

Einfahrt von Port Jackson (nach Dumont d'Arville)

Die Gründung der Niederlassung

Man war gerade über den Vorbereitungen zur Abreise, als am 24. Januar morgens zum allgemeinen Erstaunen zwei Schiffe unter französischer Flagge erblickt wurden. In einer so entfernten Gegend war Besuch aus Europa sehr unerwartet und erregte bei manchen allerhand Besorgnisse und Vermutungen, von denen einige sehr lächerlich waren. Der Gouverneur vermutete, dass es die beiden Schiffe seien, welche vor einiger Zeit von Frankreich auf Entdeckungen ausgesandt waren. Wegen ungünstigen Windes wurden die beiden französischen Schiffe nicht allein verhindert, in die Bucht einzulaufen, sondern sie wurden sogar nach Süden verschlagen.

Am 25. Januar verließ der Gouverneur auf der »Supply« die Botany Bay und segelte nach Port Jackson. Der Rest der Flotte, unter Bedeckung der »Sirius«, erhielt Befehl, ihm zu folgen, sobald der heftige Wind sich einigermaßen gelegt habe. Kaum war die »Supply« den Blicken der Zurückgebliebenen entschwunden, so zeigten die französischen Schiffe sich wieder an dem Eingang der Bucht. Man schickte nun sogleich ein Boot an sie ab und ließ ihnen allen Beistand und alle Nachrichten anbieten, die ihre Lage etwa erfordern konnte. Jetzt erfuhr man, dass die Schiffe, wie der Gouverneur vermutet hatte, die »Bussole« und die »Astrolabe« waren und unter dem Herrn de la Peyrouse eine Entdeckungsreise machten.

Am 26. Januar verließ die Flotte die Botany Bay und begab sich zur Sydney-Bucht. Ohne Zeitverlust machte man sich hier an die Arbeit, den Platz für das Lager, für die Arbeitshäuser und andere Gebäude von Unterholz zu säubern. Die Schwierigkeiten hierbei waren weit größer, als man sich vorstellen kann. Sowohl die Küste als die ganze benachbarte Gegend ist mit Holz bewachsen. Die Bäume standen zwar an dieser Stelle mehr vereinzelt und waren weniger von Gesträuch durchwachsen, umso beträchtlicher war aber ihre Größe, sodass es nicht geringe Mühe machte, sie umzuhauen und aus dem Weg zu räumen. Bei der gewohnten Trägheit der Verurteilten und bei Mangel an gehörigen Aufsehern, von denen sie zu ihrer Schuldigkeit hätten angehalten werden können, ging überdies ihre Arbeit nicht so vonstatten, wie es wohl möglich gewesen wäre.

Am Abend des 26. Januar wurde am Ufer die englische Flagge aufgesteckt. Der Gouverneur und einige der vornehmsten Offiziere versammelten sich bei dieser Gelegenheit und tranken auf die Gesundheit des Königs und die Wohlfahrt der neuen Niederlassung mit all der Festlichkeit, die man bei solchen Gelegenheiten für nützlich und Glück bringend hält, da sie den Geist belebt und mit angenehmen Aussichten erfüllt. Von dieser Zeit an bis zu Ende der ersten Woche des Februar herrschte überall rege Tätigkeit und Eile. Man kann sich keine lebhaftere Szene denken, als dieser

Teil der australischen Küste während der Zeit darstellte, da man die ersten Anstalten zur Niederlassung traf. Der Plan zum Lager wurde entworfen, Plätze wurden abgesteckt, um sobald als möglich Ordnung einzuführen. Aus England waren die Materialien und das Fachwerk zu einem kleinen Haus, das dem Gouverneur fürs Erste gebaut werden sollte, fertig mitgenommen worden; nun brachte man es an Land und fügte es in aller Geschwindigkeit zusammen. Auch Hospitalzelte wurden errichtet, deren man bald nur zu sehr bedurfte. Auf der Reise vom Kap bis hierher hatte man nur wenige Kranke gehabt, selbst unter den Sträflingen waren nicht viele gestorben. Aber bald nach der Landung brach die Ruhr aus, die Verschiedene dahinraffte. Auch der Skorbut trat so heftig auf, dass die Hospitalzelte mit Patienten gefüllt wurden. Den Kranken konnte man nur selten frisches Fleisch oder Fische verschaffen; auch essbare Pflanzen waren nicht genug vorhanden, um die Krankheit merklich zu mildern.

Der Monat Februar begann mit einem gewaltigen Regen und Ungewitter. Ein Baum, unter dem eine Hütte für einige Schafe errichtet worden war, wurde vom Blitz zersplittert, und fünf von diesen Tieren wurden erschlagen. Die Arbeiten schritten indes rasch vorwärts, sodass man am Anfang des Monats die Vorratshäuser zu errichten begann. Es war zu hoffen, dass unablässiger Fleiß über alle Schwierigkeiten und Hindernisse, die die natürliche Beschaffenheit des Platzes in den Weg legte, allmählich obliegen würde.

In Port Jackson ist Captain Cook nicht gewesen, sondern hat es nur in einer Entfernung von zwei bis drei Meilen von der Küste gesehen. Hätte indes sein gutes Glück ihn hineingeführt, so würde er als Seemann gefunden haben, dass dieser Hafen seine Aufmerksamkeit mehr verdiene als der, in welchem er eine Woche zubrachte. Gouverneur Phillip selbst erklärt ihn für größer und sicherer als alle, die er jemals gesehen hatte; die erfahrensten Seeleute, die bei ihm gewesen sind, stimmen ihm hierin völlig bei. Port Jackson ist am Eingang nicht über zwei Meilen breit und dehnt sich dann nach und nach in ein schönes und geräumiges Becken aus. Der Hafen hat hinlängliche Tiefe für die größten Schiffe und Raum genug, um so vielen Schiffen, als nur immer beisammen sein könnten, vollkommene Sicherheit zu geben. Er erstreckt sich hauptsächlich in westlicher Richtung ungefähr 13 Meilen weit in das Land und enthält nicht weniger als 100 kleine Buchten. Diese werden von kleinen Erdzungen gebildet, welche den vortrefflichsten Schutz gegen alle Winde gewähren. Die Sydney-Bucht liegt an der Südseite des Hafens, ungefähr fünf bis sechs Meilen vom Eingang.

In verschiedenen Gegenden des Hafens stehen die Bäume weiter voneinander ab als in der Sydney-Bucht. Gouverneur Phillip nahm sich vor, einige davon, welche kleine Wasserbäche und, wie es scheint, guten Boden haben, anbauen zu lassen, sobald Leute zu entbehren sein würden. Der Vorteil aber, die Vorräte mit so leichter Mühe landen zu können, bewog ihn, die Sydney-Bucht als den Hauptsitz der Niederlassung zu wählen. Die bisherige Tätigkeit hatte den Gouverneur in solchem Maße beschäftigt, dass er noch keine Zeit gefunden hatte, sich völlig in den Besitz seiner Gewalt und seines Titels als Gouverneur zu setzen. Endlich, als die Betriebsamkeit der ersten Zubereitungen nachließ, fand er Zeit hierzu.

Der 7. Februar 1788 war der denkwürdige Tag, an dem an der Küste von New South Wales eine gesetzmäßige Regierung eingeführt wurde. Aus einleuchtenden Gründen suchte man diesem Geschehnis alle nur mögliche Feierlichkeit und Würde zu geben. Die ganze Kolonie versammelte sich auf einem geebnetem Platz. Die Soldaten standen in Reih und Glied unter Gewehr; den Sträflingen war ein besonderer Platz zugewiesen. Nahe bei dem Gouverneur standen die, welche die vornehmsten Ämter unter ihm verwalten sollten. Der oberste Richter, Mister Collins, las die königliche Bestallung vor. Durch diese ward Mister Arthur Phillip zum Oberbefehlshaber und Gouverneur von ganz New South Wales ernannt, welches sich von dem nördlichen Vorgebirge oder dem äußersten Teil der Küste, Kap York genannt, in 10° 37' s. Br. bis zum Südkap in 43° 39' ebenfalls südlicher Breite erstreckt und landeinwärts bis zum 135° ö. L., mit Inbegriff aller Inseln innerhalb der oben erwähnten Grade der Breite wie auch aller Städte, Garnisonen, Kastelle, Festungen und anderer Fortifikationen, welche in der

Folge auf diesem Gebiet und angeführten Inseln errichtet werden können. Hierauf wurde die Parlamentsakte verlesen, durch welche die Gerichtshöfe eingesetzt wurden. Die Stelle eines Vizegouverneurs wurde dem Major Ross von den Seesoldaten übertragen. Ein dreimaliges Abfeuern der Musketen beschloss diesen Teil der Feierlichkeit. Und nun trat Gouverneur Phillip vor, um zuerst den Soldaten für ihr durchgängig gutes und mutiges Benehmen zu danken. Darauf wandte er sich an die Sträflinge und setzte ihnen die Beschaffenheit ihrer Lage deutlich auseinander. Er ermahnte sie, zu bedenken, dass die meisten von ihnen nach den Gesetzen ihres Vaterlandes ihr Leben schon verwirkt, jetzt aber durch die Milde dieser Gesetze in die Lage versetzt würden, durch Fleiß und gute Führung die verscherzten Vorteile und die Achtung der bürgerlichen Gesellschaft wieder zu erwerben. Sie hätten nicht nur alle Gelegenheit, gute Vorsätze in die Tat umzusetzen, sondern wären auch beinahe von allen Versuchungen zum Bösen entfernt. In dieser kleinen Gemeinschaft sei nur wenig, was einer dem anderen rauben könne, und jede Unredlichkeit müsse in einem so kleinen Kreise beinahe unausbleiblich entdeckt werden. Denen, die bei solchen Vergehen ertappt würden, könne er keine Gnade versprechen, wie überhaupt keinem, der es wagen würde, den Frieden und die Ordnung des Staates zu stören. Alle Gnade, die sie hätten erwarten können, sei ihnen schon widerfahren. Die Gesetze würden daher mit aller Strenge gegen die Verbrecher verfahren. Diejenigen aber, deren Betragen aber Besserung erhoffen ließe, würden aufgemuntert und belohnt werden. Er wies besonders darauf hin, dass der gesetzlose Umgang zwischen beiden Geschlechtern ein Vergehen sei, welches die Sittenlosigkeit sehr vermehre und der Gesellschaft in mancher Beziehung nachteilig sei. Um dieses zu verhüten, empfahl er sehr dringend das Heiraten und versprach denen, die durch diesen Schritt ihre Bereitwilligkeit zeigten, sich den Gesetzen der Moral und der Religion gemäß zu betragen, in jeder Hinsicht Unterstützung und Beistand. Der Gouverneur schloss seine Rede, indem er das ernstliche Bestreben äußerte, die Glückseligkeit seiner Untergebenen zu fördern und die Niederlassung New South Wales zum Vorteil und zur Ehre seines Vaterlandes zu verwalten.

Diese Rede, die mit lautem Beifall aufgenommen wurde, beschloss die Feierlichkeiten des Tages. Auch war sie nicht ohne Wirkung, denn schon in der folgenden Woche wurden 14 Heiraten unter den Sträflingen geschlossen. Nachdem die Versammlung auseinander gegangen war, hielt der Gouverneur eine Musterung über die Truppen ab. Hierauf gab er den Offizieren ein Essen, und der erste Abend seiner Regierung verstrich bei unschuldiger Fröhlichkeit und unter wiederholten Wünschen für das Wohl der neuen Kolonie.

Nicht leicht konnte eine entstehende Kolonie besseren Händen anvertraut werden. Der Gouverneur Phillip scheint alle Eigenschaften zu vereinigen, die einen glücklichen Fortgang des Unternehmens versprechen, insofern dies von den Kräften eines einzelnen Menschen abhängt. Scharfsichtig und fest entschlossen, seiner Autorität Ehrfurcht zu verschaffen und sich durch milde Gesinnung Liebe zu erwerben, war er willens, sogar die Eingeborenen von New South Wales zu einer freiwilligen Unterwerfung zu bringen, oder wenigstens mit ihnen eine feste Freundschaft zu halten. Aus wahrer Menschenliebe hatte er von seiner ersten Landung an beschlossen, die Eingeborenen mit der größten Güte zu behandeln und nur in dem alleräußersten Notfall auf sie feuern zu lassen. Bei diesem Entschluss hat er glücklicherweise bisher beharren können, aber seine Bemühungen, einen freundschaftlichen Verkehr mit den Eingeborenen einzuleiten, sind zurzeit noch fruchtlos geblieben. Wahrscheinlich beruht ihr Widerwille gegen die Europäer darauf, dass sie deren Absicht bemerken, sich an der Küste niederzulassen, und dass sie in ihnen die Nebenbuhler an ihren besten Fischplätzen erblicken. Einige der Sträflinge, die in den Wäldern herumstreiften, sind von den Eingeborenen teils getötet, teils gefährlich verwundet worden; man kann mit gutem Grund annehmen, dass in diesen Fällen die Sträflinge der angreifende Teil gewesen sind.

Im Februar stellte sich auch weiterhin häufig starker Regen ein, der die Errichtung eines sicheren Obdaches für die Leute sehr notwendig machte. Um diese Arbeit so zu beschleunigen, wie es wohl zu wünschen gewesen wäre, hätte man eine größere Anzahl von Handwerkern gebraucht, aber daran litt man großen Mangel. Von allen Schiffen konnte man nur 16 Zimmerleute zusammenbringen. Unter den Sträflingen waren nur zwölf, die dieses Handwerk verstanden, von denen noch dazu einige krank waren. Die gesamte Anzahl aller Handwerker war im Verhältnis zu der Arbeit, die getan werden sollte, sehr unzulänglich. Man gab ihnen noch 100 Sträflinge als Gehilfen, aber alle Anstrengungen waren vergebens, um die erforderlichen Gebäude so geschwind, als man es wünschte, zu vollenden. Mitte Mai waren die Baracken für die Soldaten, die Hütten für die Offiziere ebenso wie das Hospital und die Magazine für die Lebensmittel, die man noch nicht ans Land geschafft hatte, noch unvollendet. Der Gouverneur selbst wohnte noch in seinem fürs Erste aufgerichteten Haus aus Segeltuch, das aber weder vor Wind noch Regen hinlänglich schützte.

Die Gründung der Zweigniederlassung auf Norfolk Island

Am 14. Februar 1788 wurde auf der »Supply« eine Abteilung ausgesandt, die sich auf einer kleinen, nordwestlich von Neuseeland gelegenen Insel niederlassen sollte. Captain Cook hatte sie entdeckt, auch als vorteilhaft geschildert und zu Ehren der edlen Familie Norfolk mit dem Namen Norfolk Island belegt. Zum Kommandanten dieser Insel ernannte der Gouverneur Phillip Gidley King, zweiter Lieutenant auf dem königlichen Schiff »Sirius«, einen Offizier, den er wegen seiner Kenntnisse im Seewesen und wegen seines unveränderten Eifers im Dienst sehr schätzte. Da man wusste, dass Norfolk Island unbewohnt war, erhielt Lieutenant King nur ein kleines Detachement mit, bestehend aus einem Subalternoffizier, sechs Seesoldaten, einem Seekadetten, einem Wundarzt und zwei Leuten, die sich auf den Anbau und die Behandlung des Flachses verstanden. Hinzu kamen neun Sträflinge männlichen und sechs Sträflinge weiblichen Geschlechts. Der Befehl, den Lieutenant King bei seiner Abfahrt erhielt, lautete folgendermaßen:

Instruktion
für Philipp Gidley King, Esq., Oberintendanten und Kommandanten der Kolonie auf Norfolk Island

Mit dieser Instruktion erhaltet Ihr meine Vollmacht, welche Euch zum Oberaufseher und Kommandanten der Kolonie ernennt, die auf Norfolk Island angelegt werden soll, und welche Euch Anweisung gibt, allen den Befehlen zu gehorchen, die Ihr von Zeit zu Zeit von mir, Sr. Majestät Gouverneur *en Chef* und Generalkapitän des Gebietes von New South Wales und der Dependenzen desselben, oder in meiner Abwesenheit von dem Untergouverneur erhalten werdet.

Demnach sollt Ihr mit den Männern und Weibern, desgleichen mit den Vorräten und Provisionen, die zur Gründung der beabsichtigten Kolonie erforderlich sind, in Sr. Majestät bewaffneten Tender »Supply« ausfahren. Wenn Ihr auf Norfolk Island gelandet seid, sollt Ihr die Ausführung des Euch aufgetragenen Geschäftes übernehmen und dafür sorgen, dass meine Vollmacht, welche Euch die Oberaufsicht über besagte Kolonie erteilt, öffentlich vorgelesen wird.

Sobald Ihr die nötigen Maßregeln genommen habt, Euch selbst und die Leute, desgleichen die Vorräte und Provisionen in Sicherheit zu setzen, sollt Ihr sogleich darangehen, die Flachspflanze zu bauen, die Ihr auf der Insel wild wachsend finden werdet, desgleichen auch Baumwolle, Korn und andere Pflanzen, zu denen Ihr mit Samen versehen seid, welches alles Ihr als dem gemeinen Wesen zugehörig betrachten und von dessen Wachstum Ihr mir Bericht abstatten müsst, damit ich wisse, welche Quantitäten zum allgemeinen Gebrauch von der Insel gezogen werden können oder was etwa in der Folge zur Ergänzung nachzuschicken sein möchte. Es bleibt Eurer Einsicht überlassen, so viel von dem gewonnenen Korn zu gebrauchen, als Ihr für nötig findet; doch sollt Ihr hierbei die größte Sparsamkeit beobachten, und da das Korn, der Flachs, die Baumwolle und andere Sämereien ein Eigentum der Krone sind und als solche berechnet werden müssen, so werdet Ihr genaue Rechnung über die Vermehrung derselben führen und dann in der Folge Anweisungen bekommen, was Ihr damit zu machen habt.

Ihr sollt die Beschaffenheit des Bodens untersuchen: Was für Stücke Land Ihr zum Anbau von Korn, Flachs und Baumwolle schicklich findet, ferner wie viel zahmes Vieh etwa auf der Insel gezogen werden kann und wie viel Leute Ihr zu den angeführten Absichten für nötig haltet. So sollt Ihr weiter beobachten, welches in den verschiedenen Jahreszeiten die herrschende Winde sind, wo sich in jeder am besten ankern lässt, wann die Ebbe und die Flut eintreten, desgleichen, wann die trocknen und regnerischen Jahreszeiten anfangen und aufhören.

Ihr werdet mit einem vierrudrigen Boote versehen werden und sollt unter keinen Umständen weder selbst irgendein verdecktes Fahrzeug oder Boot bauen noch den Bau desselben oder irgendeines ungedeckten Bootes oder Fahrzeuges erlauben, dessen Kiel länger als 20 Fuß wäre. Und wenn durch irgendeinen Zufall ein Boot oder anderes Fahrzeug von größerer Länge an die Insel getrieben würde, so sollt Ihr sogleich in dessen Boden ein viereckiges Loch machen oder es auf andere Art außer Stand setzen und so lange in dieser Lage bleiben lassen, bis Ihr weitere Anweisung von mir erhaltet.

Ihr werdet mit Provisionen auf sechs Monate versehen werden und binnen dieser Zeit noch einen Zuschuss bekommen. Da Ihr Euch Fische und Vegetabilien verschaffen könnt, so müsst Ihr dafür sorgen, dass die Provisionen, die Ihr erhaltet, solange als möglich hinreichen.

Da die Verurteilten so lange, bis die Zeit ihrer Strafe um ist, Sklaven der Krone sind, so muss ihre Arbeit dem gemeinen Besten zugute kommen. Ihr habt Euch daher besonders um ihre gute oder schlechte Aufführung zu kümmern, damit sie in der Folge nach ihren verschiedenen Verdiensten angestellt oder belohnt werden können.

Ihr werdet darauf sehen, dass alle Sonntage die Gebete der englischen Kirche mit aller gehörigen Feierlichkeit vorgelesen werden, auch auf die gehörige Beachtung der Religion und guten Ordnung halten und mir, so oft sich Gelegenheit zeigt, einen vollständigen Bericht von Eurer besonderen Lage und von Euren Vorfällen abstatten.

Es ist Euch nicht erlaubt, weder mit einem englischen noch mit irgendeiner anderen Nation zugehörigen Schiff oder Fahrzeug Verkehr oder Handel zu treiben, außer wenn dergleichen Schiffe oder Fahrzeuge in Not wären, denn in diesem Fall sollt Ihr ihnen allen Beistand leisten, der in Euren Kräften steht.

Gegeben unter meiner Unterschrift im Hauptquartier zu Port Jackson auf New South Wales, den 12. Februar 1788

Arthur Phillip

Untersuchung der Broken Bay

Zu seinem Bedauern musste der Gouverneur Phillip bald feststellen, dass es in der ihm anvertrauten Gesellschaft besonders nötig sei, streng auf die Ausübung der Gesetze zu halten. Unter seinen Untergebenen befanden sich Menschen, welche sich weder durch Nachsicht bewegen noch durch Strenge im Zaum halten ließen. Sie hatten mit allem Gefühl für Pflicht und Ordnung auch alle Liebe zum Leben verloren und setzten sich mit gleichem Leichtsinn und Mutwillen den Wurfspießen der Wilden und den härtesten Strafen aus. Gegen Ende Februar wurde ein Kriminalgericht einberufen, in dem sechs Sträflinge zum Tode verurteilt wurden. Der Rädelsführer der Bande wurde noch an demselben Tage hingerichtet, von den Übrigen wurde einer begnadigt, die anderen vier erhielten Aufschub und wurden später auf einer kleinen Insel in der Bucht untergebracht, wo sie nur Wasser und Brot erhielten. Die Bande hatte wiederholt die Vorräte beraubt und ihre Mitgefangenen bestohlen. Der Hingerichtete und zwei andere wurden bei einem Diebstahl an den Vorräten ertappt, und zwar gerade an dem Tag, da sie Lebensmittel für acht Tage bekommen hatten. So eingewurzelt war ihre Gewohnheit zu stehlen, dass sie selbst da nicht von ihr lassen konnten, als sie offenbar keinen Beweggrund dazu hatten.

Am 2. März fuhr der Gouverneur mit zwei Booten zu einer acht Meilen nordwärts von Port Jackson gelegenen Bucht, die von ihrem Entdecker, dem Captain Cook, den Namen Broken Bay bekommen hatte. Man fand, dass sie sehr geräumig war. Die erste Nacht brachten wir in unseren Booten bei einer felsigen Landspitze im Nordwesten der Bucht zu, da sich die Eingeborenen sehr zahlreich zeigten. Am folgenden Tag fuhren wir über eine Sandbank und kamen dann in einen sehr geräumigen Arm, aus dem aber die Ebbe so stark herausströmte, dass die Boote nicht gegen sie in den Strom hineinrudern konnten. Das meiste Land an diesem Arm war niedrig und voller Sümpfe. Man sah Pelikane und andere Wasservögel in großer Menge.

Wir fuhren dann quer über die Bucht und gelangten in einen südwestlichen Arm, der ebenfalls sehr geräumig war und der auch eine Öffnung nach Westen besaß.

Wegen anhaltenden Regens konnte die Untersuchung nicht fortgesetzt werden. So viel aber sahen wir, dass das Land weit höher als in Port Jackson und auch felsiger, aber ebenso mit Holz bewachsen war, selbst auf den Gipfeln der Berge, die nur für Vögel zugänglich schienen. Sobald man um die Landspitze herumgesegelt, die den südlichen Teil der Bucht bildet, findet man noch einen dritten Arm, von dem der Gouverneur Phillip meinte, er sei die schönste Wassermasse, die er jemals gesehen habe, und den er deshalb mit dem

Matrosen und Ureinwohner beim Fischfang
(nach Dumont d'Arville)

Namen Pittswater beehrte. Das Land ist hier nicht so hoch als an dem südwestlichen Arm; es gibt hier einige Stellen, die zum Ackerbau sehr tauglich wären. Beinahe in allen Buchten zeigten sich kleine Süßwasserquellen; von den Anhöhen, die jetzt durch den Regen unzugänglich geworden waren, stürzten drei Wasserfälle herab.

Auf dieser Entdeckungsfahrt traf man wiederholt auf Eingeborene. Gleich nach unserer ersten Landung in der Broken Bay kamen einige Frauen mit den Männern an den Strand herunter. Eine von ihnen, eine junge, war besonders gesprächig und lustig. Dies war sehr auffallend, weil man die Frauen in diesem Land gewöhnlich weniger lebhaft als die Männer sah; augenscheinlich wurden sie in großer Furcht und Unterwürfigkeit gehalten. Die lebhafte junge Frau besuchte uns am nächsten Tage in ihrem Kanu; sie stand diesmal auf und sang ein Lied, das gar nicht unangenehm zu hören war. Die Männer zeigten sich sehr bereitwillig, beim Feueranzünden zu helfen, und betrugen sich überhaupt sehr freundschaftlich.

Als der Gouverneur in einer Bucht landete, um mit dem Netz zu fischen, kam wiederum eine Anzahl von Eingeborenen. Bei dieser Gelegenheit bemerkte er zum ersten Mal, dass den Frauen beinahe durchgängig zwei Glieder an dem kleinen Finger der linken Hand fehlten. Was auch die Veranlassung zu dieser Verstümmelung sein mag, so ist so viel gewiss, dass sie eine überaus schmerzhafte Operation sein muss, da die

Werkzeuge der Eingeborenen sehr mangelhaft und unvollkommen sind (Verstümmelung bei Trauerfällen). Man hat bei ihnen nichts bemerkt, was zu einer solchen Amputation dienen könnte, außer einer an einem kurzen Stock befestigten Muschel, mit der sie ihre Speere zuspitzen oder die Austern von den Felsen brechen.

Die Männer zeichnen sich wieder anders aus, indem sie sich den rechten Vorderzahn an der Kinnlade ausreißen lassen. Der Gouverneur bemerkte dies und zeigte ihnen, dass auch er einen von seinen Vorderzähnen verloren habe, was allgemeines Aufsehen erregte. Man glaubte zu bemerken, sie rechneten ihm dies zum Verdienst an. Ferner fand man, dass der Knorpel in der Nase bei ihnen durchbohrt und, wie Captain Cook es beschreibt, ein langer Knochen oder Stock durchgesteckt war. Doch sah man auch verschiedene sehr alte Männer, die keinen Zahn verloren hatten, deren Nasen auch nicht mit diesem ungestalteten Zierrat prangten; wahrscheinlich sind dieses also Abzeichen irgendeiner Würde.

Die Narben, die man auf ihrer Haut bemerkte, sind von sonderbarer Beschaffenheit: Die Haut ist vom Fleisch aufgetrieben und sieht aus, als wenn sie eine mit Luft angefüllte Blase wäre. Die Narben finden sich an Brust und Armen, häufig auch an den Fußknöcheln. Auch der Kopf bleibt nicht immer verschont. Einer von den Männern strich die Haare von der Stirn weg und zeigte dort eine große Narbe; er wies dann auf eine andere am Fuß und so fort am ganzen Leib und schien nicht wenig auf die große Anzahl stolz zu sein.

Die Frauen waren scheu und furchtsam und hielten sich meistenteils entfernt. Allerdings schienen sie keinen Begriff davon zu haben, dass man einen Teil des Körpers eher bedecken müsse als den anderen.

Wir hatten auch Gelegenheit zu beobachten, auf welche Art sie fischen. Ihre Angelhaken fertigen sie aus dem inneren Teil einer Muschel, die wie Perlmutter aussieht. Sobald ein Fisch an der Angel anbeißt, aber zu stark erscheint, als dass er nun mit der Schnur ans Land gebracht werden könnte, zieht man ihn langsam zum Ufer hin, wo ein Mann mit einem Speer bereitsteht, nach ihm zu werfen, was auch nur selten fehlschlägt.

Bei der Untersuchung des südlichen Arms der Broken Bay hatte man wegen des starken Windes und heftigen Regens einige Mühe, um die Landspitze herumzukommen. Man machte deshalb einen Versuch zu landen; das Wasser war aber für das Boot nicht tief genug. Dies beobachteten ein alter Mann und sein Sohn, die auf dem Felsen standen, dem sich das Boot zu nähern suchte, und zeigten uns die Stelle an, wo das Wasser am tiefsten war. Nachher brachten sie auch Feuer und schienen außerordentlich dienstwillig; zwei Offiziere ließen sich von dem alten Mann zu einer Höhle führen, die sich in einiger Entfernung befand. Obgleich er sie mit allen Zeichen, die er nur erfinden konnte, dazu einlud, die Höhle zu betreten, weigerten sich die beiden Offiziere aus Argwohn und Misstrauen. Dies war sehr zu bedauern, da es gerade heftig regnete und man am folgenden Tag die Höhle geräumig genug fand, der ganzen Gesellschaft sicheren Schutz zu gewähren. Der alte Mann bemühte sich weiter, behilflich zu sein, so bei den Zubereitungen zum Nachtlager, weshalb man ihn am anderen Morgen mit einigen Geschenken belohnte.

Als der Gouverneur zwei Tage später an diesen Ort zurückkehrte, kam ihm sogleich mit Tanzen und Singen dieser alte Mann wieder entgegen. Sein Sohn und einige andere waren bei ihm. Man beschenkte sie mit einem Beil und anderen Kleinigkeiten. Die Hoffnung, dass diese Freundschaft von Bestand sein würde, wurde bald zerstört. Kaum war es dunkel geworden, als der alte Mann einen Spaten stahl und dabei ertappt wurde. Gouverneur Phillip hielt es für nötig, bei dieser Gelegenheit einige Zeichen von Missvergnügen zu äußern; daher gab er dem Verbrecher, als dieser an ihn herankam, zwei oder drei gelinde Schläge auf die Schulter und stieß ihn dann weg, wobei er zugleich auf den Spaten zeigte. Diese gelinde Züchtigung zerstörte auf einmal ihre Freundschaft gänzlich. Der alte Mann kam dicht an den Gouverneur heran, ergriff sogleich einen Speer, wog ihn in der Hand und schien entschlossen, damit zu werfen. Als er aber sah, dass seine Drohungen verachtet wurden, denn sein Gegner wollte lieber den Wirkungen seines Zornes Trotz bieten, als auf ihn Feuer geben, vielleicht auch, weil seine

Landsleute ihn warnten, ließ er seinen Speer bald wieder sinken und ging davon. Am folgenden Morgen kam der alte Mann mit einigen seiner Landsleute wieder; um ihm aber sein Vergehen fühlbar zu machen, kümmerte man sich weniger um ihn und schenkte den anderen Beile und ähnliche Dinge.

Am 9. März kehrte der Gouverneur nach Port Jackson zurück. Der Regen, der beinahe ununterbrochen anhielt, hinderte ihn, über das Land zurückzukehren, wie er es ursprünglich beabsichtigt hatte. Er hatte einige nützliche Kenntnisse von dem Land erlangt und Zusammenkünfte mit den Eingeborenen gehabt, ohne von seinem Lieblingsplan abgewichen zu sein, sie mit der größten Güte zu behandeln. Er hatte sich zugleich bemüht, ihre Freundschaft und ihr Vertrauen zu gewinnen. Wenn dieses menschenfreundliche Bestreben in der Folge durch die Ausschweifung und Liederlichkeit einiger verderbter Personen vereitelt worden ist, so hatte er doch, wie sehr er es auch bedauern mochte, keine Ursache, sich selbst Vorwürfe zu machen.

Norfolk Island

Am 10. März verließen die französischen Schiffe die Botany Bay. Herr de la Peyrouse hatte während seines Aufenthalts zwei lange Boote zusammensetzen lassen, zu denen das Holz aus Europa mitgenommen worden war. Verkehr hatte zwischen den Franzosen und Engländern während dieser Zeit nicht viel stattgefunden, da beide Teile zu eifrig beschäftigt waren, als dass sie ihre Zeit mit Lustpartien hätten verschwenden können. Einige von den Sträflingen fanden Gelegenheit, zu entweichen, und versuchten auf den französischen Schiffen aufgenommen zu werden. Dort wurden sie aber, wie es sich gehörte, abgewiesen. Während des Aufenthalts des Herrn de la Peyrouse starb Herr Peter le Receveur, welcher als Naturforscher die Reise auf der »Astrolabe« mitgemacht hatte. Einige Wunden, die er auf den Navigatorinseln (Samoainseln) bei einem Überfall der Eingeborenen erhalten hatte, waren die Ursache seines Todes. Man errichtete seinem Andenken ein kleines Monument mit folgender Inschrift:

Hic jacet Le Receveur
E.F.F. Minimis Galliae Sacerdos
Physicus in Circumnavigatione Mundi
Duce De la Peyrouse
ob. 17. Febr. 1788

Hier ruht Le Receveur,
Priester der französischen Minderbrüder,
Naturforscher auf der Weltumsegelung
des de la Peyrouse.
Er starb am 17. Febr. 1788

Als dieses Denkmal bald nachher von den Eingeborenen zerstört wurde, ließ der Gouverneur die Inschrift auf eine Kupferplatte stechen und diese an einem benachbarten Baum befestigen.

Am 19. März kehrte Lieutenant Ball mit der »Supply« von Norfolk Island zurück. Er hatte diese Insel schon am 29. Februar erreicht, aber fünf Tage an der Küste zugebracht, ehe sich ein Platz zum Landen finden ließ. Die Insel ist nämlich dermaßen mit Felsen umgeben, dass nicht leicht ein Platz zu finden war, wo auch nur ein Mann das Land hätte betreten können. Endlich gelang es aber doch, an dem südwestlichen Ende der Insel eine kleine Öffnung in dem Riff zu entdecken, das sich dort quer vor einer Bucht ausdehnte. Hier wurde alles in völliger Sicherheit ans Ufer gebracht. Der Kommandant King schilderte in einem Brief das viel versprechende Äußere seines neuen Gebietes mit sehr lebhaften Farben. Spätere Nachrichten haben gezeigt, dass er sich in seiner Meinung nicht geirrt hat. (Der im Anhang wiedergegebene Bericht Kings enthält eine ausführliche Schilderung von Norfolk Island. An dieser Stelle sind deshalb nur solche Mitteilungen wiedergegeben, die für die Auffassung des Gouverneur Phillip von der Insel bezeichnend sind – eine Auffassung, die, wie wir von King und Hunter noch hören werden, der Niederlassung auf der Insel beinahe zum Verhängnis geworden wäre.) Überall hat man bis auf eine Tiefe von fünf bis sechs Fuß eine fruchtbare schwarze Gartenerde gefunden. Die ausgesäten Getreidearten und anderen Sämereien waren vortrefflich aufgegangen.

Das Klima ist gesund und angenehm. Vor drückender Hitze wird die Insel durch beständige Lüfte von der See her gesichert; im Winter hat sie eine so gemäßigte Temperatur, dass das Wachstum ununterbrochen fortdauert und eine Ernte der anderen folgt. Erquickende Regengüsse, die sich von Zeit zu Zeit einstellen, unterhalten ein immer während frisches Grün. Gras findet man noch keines auf der Insel, aber Bäume, Sträucher und andere Pflanzen gedeihen überall in der größten Fülle. Von ihren Blättern nähren sich die Schafe, Ziegen und Schweine ganz ausgezeichnet. Wie gesund die Luft auf der Insel ist, kann jede Person in der kleinen Kolonie bezeugen, denn alle haben sich ununterbrochen guter Gesundheit erfreut.

Bei der Ankunft der Ansiedler war kein Morgen Land von Bäumen frei. Durch unermüdliche Tätigkeit wurde indessen bald ein hinlänglicher Raum vom Holz gesäubert, um sich darauf niederzulassen und einiges Gemüse anzubauen.

Die Leute wohnen schon alle in bequemen Häusern. Wie Mister King in seinen Briefen an den Gouverneur erklärte, war es keinem Zweifel unterworfen, dass die Kolonie sich in weniger als vier Jahren gänzlich ohne fremde Hilfe würde unterhalten können; bis zu dieser Zeit würde sie auch nur einer sehr geringen Unterstützung bedürfen.

Fische werden in großem Überfluss gefangen; in einigen Jahreszeiten gibt es auch vortreffliche Schildkröten. Unzählige Vögel von verschiedenen Arten, zum Teil sehr schön gefiedert, bewohnen die Wälder. Tauben und Perlhühner waren anfangs so zahm, dass sie sich mit den Händen greifen ließen. Zu den Gewächsen, welche essbare Speisen liefern, gehören die Kohlbäume, der Farrenbaum, eine Gattung wilden Spinats, der wilde Pisang und ein Baum, der eine ganz kleine, der Johannisbeere nicht unähnliche Frucht trägt.

Die wichtigsten Produkte von Norfolk Island sind indessen die Fichte und die Flachspflanze. Die Fichten sind von einer Größe und Vortrefflichkeit, wie man sie sonst nirgends findet, und versprechen einen reichen Vorrat von Mastbaumen und Sparren für unsere ostindische Schifffahrt. Der Flachs ist zur Fertigung des Segeltuchs, Tauwerks und auch feinerer Zeuge nicht minder schätzbar, da er in großem Überfluss und von so großem Wachstum ist, dass er nicht selten eine Höhe von acht Fuß erreicht.

Der Mangel eines guten Landungsplatzes ist auf der Insel zurzeit noch ein großes Übel, das dem Verkehr mit der Hauptniederlassung sehr im Weg steht. Die

Bucht, die man als Landungsplatz benutzt, ist durch ein Korallenriff eingeschlossen, in dem nur eine Öffnung für ein Boot ist. Während der Flut und bei westlichem Wind ist auch hier die Landung nicht ohne Gefahr. Indessen sind noch verschiedene andere kleine Buchten an der Küste, sodass man hofft, einen besseren Landungsplatz zu entdecken. Bisher aber sind alle Leute bei der Ausladung der Vorräte und der Urbarmachung des Niederlassungsplatzes unablässig beschäftigt gewesen, sodass Mister King noch nicht Gelegenheit gefunden hat, jemanden auf Untersuchungen auszuschicken. Sollte aber diese Untersuchung fruchtlos sein, so will man eine oder ein paar kleine Klippen mit Pulver in die Luft sprengen, welche das Riff unsicher machen. Sollte aber auch dieses Mittel fehlschlagen, so muss man dies Übel mit Geduld ertragen.

Bisher sind die Ratten die einzigen vierfüßigen Tiere gewesen, die man auf der Insel entdeckt hat. Von ihnen befürchtete man großen Nachteil für die Feldfrüchte; bisher sind diese Besorgnisse unnötig gewesen. Im Ganzen verdient Norfolk Island als eine nicht unwichtige Erwerbung alle Aufmerksamkeit. Auf den Klippen sind einige Kanus der Wilden gefunden worden, welche, wie man annimmt, von Neuseeland stammen.

Um den Anbau von Norfolk Island zu beschleunigen, ist im Oktober eine zweite Abteilung dorthin gesandt worden. Sie bestand aus einem Offizier, acht Seesoldaten und dreißig Gefangenen, zehn Frauen und zwanzig Männern.

Zwei Reisen des Gouverneurs

Am 25. März wurden die Transportschiffe »Charlotte«, »Lady Penryhn« und »Scarborough« von allen Lebensmitteln und Vorräten entladen und aus dem Dienst des Staates verabschiedet. Sie erhielten die Erlaubnis, nach China zu segeln, sobald es ihre Kapitäne für gut befänden. Die anderen Schiffe mussten notwendigerweise zurückgehalten werden, bis die Vorratshäuser vollendet waren.

Im Monat April fiel nichts Besonderes vor, außer dass der Gouverneur zwei kleine Reisen unternahm, um das Innere des Landes kennen zu lernen. Die erste Reise trat er am 15. April in Begleitung einiger Offiziere und einer kleinen Anzahl von Seesoldaten an. Proviant wurde für vier Tage mitgenommen. Man landete am Eingang einer kleinen Bucht, welche Shell Cove (Muschelbucht) genannt wurde und an der Nordeinfahrt des Hafens liegt. Man gelangte bald an einen großen See, der nicht ohne viel Mühe untersucht wurde. Er war ringsum von Sumpf und Morast umgeben, sodass man oft bis über die Hüften einsank. Auf diesem See wurde der erste schwarze Schwan bemerkt. So sprichwörtlich selten auch diese Gattung in der übrigen Welt ist, so häufig wird sie hier auf den inländischen Seen gefunden. Der Vogel war von edler Gestalt, größer als der gemeine Schwan in Europa, aber von ebenso schöner Form. Als wir auf ihn schossen, flog er auf; wir sahen nun, dass seine Flügel einen weißen Rand hatten und sein Schnabel von rötlicher Farbe war.

Mit großer Schwierigkeit kam man nach drei Tagen an das Ende der Sümpfe und Moräste, die sich in der Nachbarschaft des Hafens befanden. Nichts zeigt deutlicher, welche großen Verbesserungen eine betriebsame Bewohnerschaft in diesem Land vornehmen kann, als die Beschaffenheit der kleinen Ströme, die sich in Port Jackson ergießen. Diese kommen nämlich alle aus Morästen, die dadurch verursacht werden, dass das Wasser keinen Abfluss hat, wenn es aus den Quellen hervorgebrochen ist. Räumt man die Hindernisse weg und eröffnet dem Wasser ein freies Bett, so wird das anliegende Land allmählich austrocknen, und die Ströme werden für die Einwohner von Nutzen sein. Zugleich wird man bewohnbare und gesunde Gegenden an Stellen gewinnen, wo jetzt eine beständige, feuchte Ausdünstung herrscht und die Bewegung der Luft zu stocken scheint.

Als man dieses niedrige Land hinter sich hatte, gelangte man in eine kahle, unfruchtbare und felsige Gegend. Ungefähr 15 Meilen von der Seeküste entfernt hatte man eine schöne Aussicht über das Inland und seine Berge, von denen der Gouverneur einige mit Namen belegte. Die nördlichsten nannte er die Karmarthen-, die südlichsten Landsdown-Berge und einen, der zwischen beiden liegt, Richmond-Hügel.

Am 22. April unternahm man einen ähnlichen kleinen Ausflug in das Innere des Landes. Der Gouverneur landete mit seinen Begleitern ganz am Ende des Hafens. Man fand hier anfangs eine schöne Gegend, bald aber gelangte man an ein dicht verwachsenes Gehölz, wo man beinahe den ganzen Tag mit fruchtlosen Bemühungen verbrachte, einen Weg hindurchzubahnen. Man musste schließlich das Vorhaben aufgeben und wieder umkehren.

Am nächsten Tag hielten sie sich dicht an das Ufer eines kleinen Baches, und auf diese Art gelang es ihnen, durch das Dickicht zu kommen. Sie setzten nun an den drei folgenden Tagen ihren Weg nach Westen fort. Das Land, welches sie durchstreiften, war außerordentlich schön, teils eben, teils in kleinen sanften Hügeln emporsteigend, die vortreffliche malerische Aussichten boten. Der Boden schien, außer an einigen wenigen steinigen Stellen, sehr fruchtbar zu sein. Am fünften Tag erstieg man eine kleine Anhöhe und erblickte auch von hier aus die Karmarthen- und Landsdown-Berge. Die Gegend rings um die Anhöhe war so schön, dass der Gouverneur ihr den Namen Bellevue gab. Die Entfernung von den Bergen mochte etwa 30 Meilen betragen. Da es aber nicht möglich gewesen war, außer den Zelten, den Waffen und anderen Dingen auf mehr als sechs Tage Lebensmittel mitzunehmen, musste man umkehren. Man hatte nunmehr die außerordentlichen Schwierigkeiten kennen gelernt, welche sich beim Vordringen in das Innere des Landes ergaben; tiefe Regenbäche und andere Hindernisse nötigten den Reisenden oft, seinen geraden Weg zu verlassen, und machten alle Vermutungen über die Zeit, die zur Zurücklegung einer gewissen Strecke erforderlich sei, zuschanden. Auf der letzten Reise hatte man in gerader Linie höchsten 30 Meilen zurückgelegt und doch fünf Tage damit zugebracht. Der Rückweg aber war leichter, der Weg war gebahnt und die Bäume, an denen man vorübergekommen war, hatte man bezeichnet, sodass man in anderthalb Tagen ohne Mühe die Boote erreichte.

Weitere Reisen mussten jetzt fürs Erste aufgeschoben werden. Der Gouverneur, der sich schon bei der Abreise zur Broken Bay nicht wohl befunden hatte, hatte sich nunmehr durch das häufige Liegen auf der feuchten Erde heftige Seitenschmerzen zugezogen. Dieses Übel hatte in den beiden letzten Tagen der Reise so sehr zugenommen, dass er sich genötigt sah, einige Wochen der Ruhe zu genießen, ehe er neuen Beschwerden entgegenging.

Die auf der letzten Reise untersuchte Gegend war so gut und schien zum Anbau so geeignet, dass der Gouverneur sich vornahm, sobald eine kleine Abteilung von Leuten entbehrlich war, diese loszuschicken und hier eine Niederlassung anlegen zu lassen.

Verwunderlich ist, dass die Eingeborenen überhaupt im inneren Land leben können, da sie die Fruchtbarkeit des Bodens nicht zu benutzen wissen. An der Küste sind Fische ihre Hauptnahrung; es erscheint aber beinahe unmöglich, dass sie sich nur mit Hilfe ihrer Speere andere Nahrung aus dem Tierreich verschaffen könnten. Auf unserer letzten Reise konnten wir in sechs Tagen mit den Flinten kaum genug für zwei Mahlzeiten schießen. Dennoch sah man an den hin und wieder erbauten Hütten, dass die Eingeborenen sich hier zuweilen aufhalten. Bei einer dieser Hütten fand man die Knochen eines Känguru, nicht weit davon auch einige Bäume, die in Flammen standen. Der Gouverneur nahm auch ein Stück von einer Wurzel auf, die der Wurzel eines Farrenbaumes glich. Ein Teil derselben war gekaut und noch so frisch, dass sie nur erst vor wenigen Minuten weggeworfen sein konnte. Es war – auch aus anderen Anzeichen – augenscheinlich, dass die Eingeborenen bei der Annäherung der Engländer geflüchtet waren; sie hatten sich aber so sorgfältig verborgen, dass auch nicht ein einziger bemerkt wurde.

Die Anzahl der Eingeborenen kann in diesen inneren Gegenden nur sehr gering sein. Die Hütten, die man hier sah, bestanden aus einzelnen Stücken Baumrinde, die man in der Mitte eingebogen und in einem spitzen Winkel so aufgestellt hatte, dass sie den Kartenhäusern der Kinder nicht unähnlich sahen.

An mehreren Stellen sah man Spuren von Feuer; aber nur bei einer einzigen fand man Auster- oder Miesmuschelschalen, und zwar nicht mehr als sechs bis sieben. Man erblickte häufig Kängurus, die aber so scheu waren, dass man es für sehr schwer hielt, sie zu schießen.

Obgleich die Bewohner von New South Wales so roh und ungebildet sind, dass sie noch keine Versuche gemacht haben, sich Kleider zu verschaffen, haben sie dennoch einige Begriffe von Bildnerei. Auf all den kleinen Reisen, die in der Gegend um Botany Bay und Port Jackson unternommen wurden, fand man Abbildungen von Tieren, Schilden und Waffen und sogar von Menschen in den Felsen eingehauen. All diese Bilder waren zwar roh und unvollkommen, aber dennoch immer deutlich genug, um sogleich zu erkennen, was sie darstellten. Fische waren auch häufig abgebildet; an einem anderen Ort sah man den Umriss einer großen Eidechse ziemlich genau entworfen. Auf der Spitze eines Hügels war noch vollkommener ein Mann in der Stellung abgebildet, die die Eingeborenen gewöhnlich annehmen, wenn sie anfangen zu tanzen.

In allen bisher entdeckten Gegenden konnte man selten eine Viertelstunde weit gehen, ohne Bäume zu bemerken, die durch Feuer gelitten hatten. Vielleicht rührt diese von den häufigen Gewittern her; vielleicht aber sind sie auch von Eingeborenen in Brand gesetzt worden. Der Gummibaum brennt sehr leicht; die Eingeborenen pflegen daher gewöhnlich ihre Feuer an den Wurzeln dieser Bäume anzuzünden. Wenn sie den Ort verlassen, löschen sie das Feuer nie aus, sondern lassen es ausbrennen oder den Baum ergreisen, je nachdem der Zufall es gerade will.

Bei seiner Rückkehr von der Reise erfuhr der Gouverneur zu seinem Bedauern, dass ganz in der Nähe der Niederlassung am hellen Tag fünf Mutterschafe und ein Lamm getötet worden waren. Wie es zugegangen war, wusste niemand; man vermutete aber, es sei durch Hunde der Eingeborenen geschehen. Dieser Verlust war ein wirtschaftliches Unglück, da eine beträchtliche Zeit darüber hingehen muss, ehe er wieder ersetzt werden kann. Der Fischfang ist an der dortigen Küste eine unsichere Hilfsquelle. Zuweilen fängt man große Mengen, aber doch nicht genug, wesentlich an den übrigen Lebensmitteln zu sparen. Zuweilen fängt man nur sehr wenige. Das lebende Vieh, dass man am 1. Mai in Port Jackson hatte, war Folgendes: 87 junge Hühner, 122 alte Hühner, 35 Enten, 29 Gänse, 18 Truthähne, fünf Kaninchen, 25 Ferkel, 49 Schweine, 19 Ziegen, 29 Schafe, fünf Kühe, zwei Bullen, ein Hengst, drei Stuten, drei Füllen.

Die drei nach China bestimmten Transportschiffe segelten am 5., 6. und 8. Mai ab. Die »Supply« verließ uns, nachdem sie ausgebessert worden war, gleichfalls am 6. Mai und fuhr zur Lord Howes Island, um Schildkröten zu holen. Diese Insel hatte Lieutenant Ball auf der Rückfahrt von Norfolk Island näher erforscht und dabei gefunden, dass dort zahlreiche Schildkröten waren. Man hoffte nämlich dadurch, dem Scharbock etwas Einhalt zu tun, der noch immer so gewaltig um sich griff, dass beinahe 200 Mann zur Arbeit untauglich waren.

Das Ausroden der Bäume und die Urbarmachung des Bodens war eine so beschwerliche und mühsame

Tätigkeit, dass es unmöglich war, zunächst mehr als zehn Morgen Land mit Weizen und Gerste zu besäen. Man befürchtete, dass selbst diese kleine Aussaat durch die Verwüstungen der Ameisen und Felsmäuse leiden würde. Anfang Mai vermutete man, wie schon ein paar Mal vorher, dass die Regenzeit eingetreten wäre; aber nach acht Tagen war das Wetter wieder schön, und man sah, dass man sich wieder geirrt hatte.

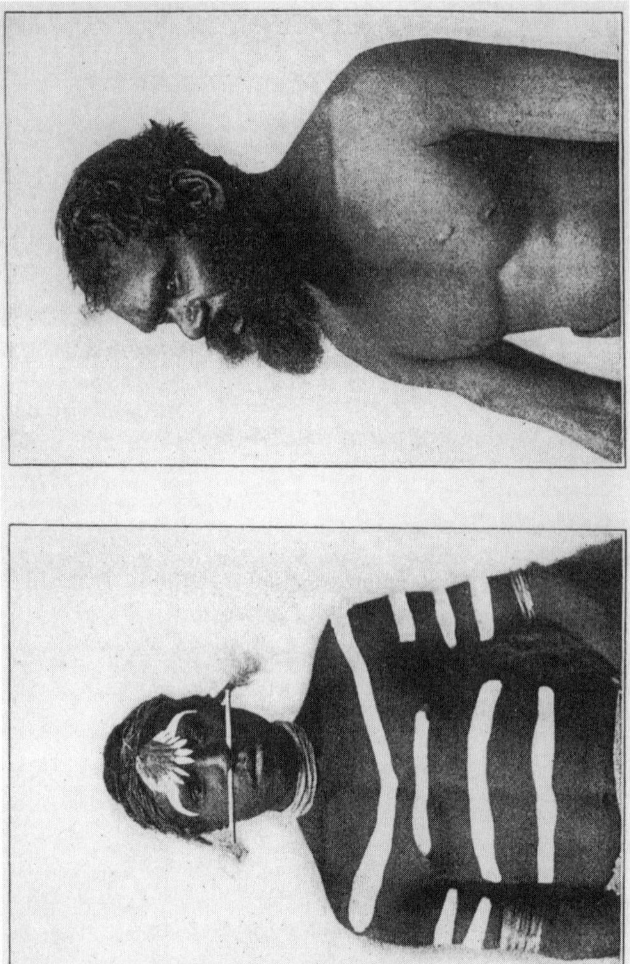

Ureinwohner Australiens
(nach im Besitz des Museums für Völkerkunde zu Leipzig befindlichen Fotografien)

Zusammenstöße mit den Eingeborenen

Am 25. Mai kehrte die »Supply« von Lord Howes Island zurück, jedoch ohne die erwarteten Schildkröten mitzubringen. Sie hatte sehr stürmisches Wetter gehabt und ihren besten Buganker fahren lassen müssen, im Übrigen aber weiter keinen Schaden erlitten.

Um diese Zeit kam einer von den Sträflingen mit einer gefährlichen Wunde im Rücken zurück. Um Kräuter zu suchen, hatte er sich ein beträchtliches Stück von der Niederlassung entfernt. Er berichtete, er sei in Begleitung eines anderen Sträflings gewesen; dieser sei vor seinen Augen von den Eingeborenen am Kopf verwundet und dann von ihnen weggetragen worden. Bald darauf fand man in einer Hütte der Eingeborenen ein Hemd und einen Hut, beide blutig und von Speeren durchbohrt. Von dem Mann selbst aber war keine Spur zu finden; man hat nie wieder etwas von ihm gehört. Aller Wahrscheinlichkeit nach haben die Sträflinge den Streit angefangen, doch leugnete dies der Zurückgekehrte ganz entschieden.

Am 30. Mai wurden zwei Männer, die in einiger Entfernung von der Niederlassung Binsen zum Dachdecken hatten sammeln sollen, tot aufgefunden. Einer von ihnen hatte vier Speere im Leib, von denen der eine durch und durch gegangen war; an dem anderen bemerkte man keine Spur von Gewalttätigkeit. In diesem Fall stand fest, dass die beiden unglücklichen Leute sich die erste Beleidigung hatten zu Schulden kommen lassen, denn sie waren mit einem Kanu gesehen worden, das sie von einem der Fischplätze weggenommen hatten. Diese Vorfälle gingen dem Gouverneur Phillip sehr nahe, da sie den Plan, der ihm so sehr am Herzen lag, nämlich die Zuneigung der Eingeborenen zu gewinnen und mit ihnen in Freundschaft zu leben, gänzlich zugrunde richten mussten.

Da die Eingeborenen die Werkzeuge der beiden erschlagenen Sträflinge weggenommen hatten, hoffte der Gouverneur, es würden die Eingeborenen ausfindig zu machen sein, die an diesem Vorfall Anteil gehabt hatten; er wollte ihnen dann zu verstehen geben, dass das Betragen ihrer Beleidiger von uns missbilligt würde. Er wollte es wenigstens nicht unversucht lassen, den Frieden und das verlorene Vertrauen wiederherzustellen. Der Gouverneur machte sich deshalb am folgenden Tag mit einer kleinen, nur aus zwölf Personen bestehenden Gesellschaft auf und landete an dem Platz, wo die beiden Leute erschlagen worden waren. Man durchquerte über 20 Meilen weit das Land und erreichte endlich das nördliche Ufer der Botany Bay, ohne einen einzigen Eingeborenen angetroffen zu haben.

Hier sah man endlich etwa 20 Kanus, deren Insassen mit Fischen beschäftigt waren. Als man Feuer angezündet und sich gelagert hatte, um die Nacht an dem Ufer zuzubringen, hoffte man, dass einige Eingeborene sich nähern würden. Aber es ließ sich nicht ein einziger sehen. Am nächsten Morgen waren wohl 50 Kanus ans Land hinaufgezogen, aber niemand zeigte sich. Der Gouverneur war nun willens, wieder nach Port Jackson zurückzukehren. Als man die Strecke längs des Meeresufers hinging, erblickte man plötzlich vor dem Eingang einer Höhle eine große Anzahl Eingeborener, die offenbar nicht alle aus dieser Gegend stammen konnten. Wir waren, als wir die Eingeborenen entdeckten, kaum zehn Schritt von ihnen entfernt, und der Gouverneur hatte kaum Zeit, seine Leute Halt machen zu lassen, als sich schon eine Menge der Wilden in Waffen zeigte. Der, welcher ihr Anführer zu sein schien, kam näher und machte den Engländern Zeichen, dass sie zurückgehen sollten. Als er aber den Gouverneur Phillip allein, unbewaffnet und ganz freundschaftlich auf sich zukommen sah, gab er seinen Speer weg und kam ganz zutraulich heran. In wenigen Minuten fanden sich nun die Engländer von mehr als 200 Mann umringt, die sich aber in keiner Weise so benahmen, als wollten sie verräterisch handeln oder ihre überlegene Anzahl grausam missbrauchen. Sie nahmen vielmehr die ihnen angebotene Freundschaft an, legten ihre Speere und Steinäxte beiseite und kamen friedlich auf uns zu. Man bemerkte bei diesen Leuten nicht das Geringste, woraus man hätte schließen können, dass sie die beiden Sträflinge getötet haben mochten. Der Gouverneur trennte sich daher von ihnen aufs Freundschaftlichste und war mehr als jemals überzeugt, dass ihnen gegenüber offenes Zutrauen das beste Mittel sei, um Uneinigkeiten zu verhüten.

Weitere Nachforschungen erregten auch den Verdacht, dass die Sträflinge einen von den Eingeborenen erschlagen und verschiedene verwundet hatten, ehe sie von diesen angegriffen wurden. Der Gouverneur machte deshalb bei seiner Rückkehr bekannt, dass jeder Verurteilte, der die Urheber der Feindseligkeiten entdeckte, zur Belohnung seine Freiheit erhalten sollte. Indessen erlangte er dadurch keine weitere Aufklärung.

Mit dem Vieh hatte man bisher in der Niederlassung wenig Glück gehabt. Der größte Verlust trat aber jetzt ein. Der Mann, der dazu bestellt war, die zwei Bullen und vier Kühe zu hüten, hatte seinen Posten für einige Zeit verlassen, während welcher die Tiere sich in den Waldungen verliefen. Obgleich man ihrer Spur eine Strecke weit nachging, wurden sie doch nicht wieder gefunden.

Den 4. Juni, den Geburtstag König Georgs III., ließ man nicht ohne eine entsprechende Feier vorübergehen. Es war ein allgemeiner Erholungs- und Freudentag für die ganze Niederlassung. Bei Sonnenaufgang gaben die Schiffe »Sirius« und »Supply« je 21 Schüsse ab. Dieses wurde um ein Uhr nachmittags wiederholt und mit drei Salven durch die Seesoldaten vom Strand erwidert. Bei Sonnenuntergang ertönten die Kanonen der Schiffe zum dritten Mal. Nun wurden große Freudenfeuer angezündet; das ganze Lager war ein Schauplatz der Fröhlichkeit. Damit niemand von dem Glück dieses Tages ausgeschlossen wäre, erhielten die vier Sträflinge, denen man die Todesstrafe geschenkt hatte und die auf eine Insel mitten im Hafen verbannt worden waren, völlige Begnadigung; sie wurden geholt, damit sie an der allgemeinen Freude teilnehmen sollten.

Bei dieser Gelegenheit wurde es erst allgemein bekannt, dass der Gouverneur diesem Teil des Landes den Namen Grafschaft Cumberland verliehen hatte.

Am 22. Juni war ein schwaches Erdbeben zu verspüren, das jedoch nur zwei oder drei Sekunden dauerte. Es wurde von den meisten Leuten der Niederlassung bemerkt, und der Gouverneur selbst hörte von Süden her ein Getöse, das er zuerst für Kanonenfeuer in großer Entfernung hielt.

Am 24. Juni kam ein Sträfling beinahe ganz verhungert in die Niederlassung zurück; er hatte einen Diebstahl begangen und war deshalb am 5. Juni entwichen. Er hatte geglaubt, dass er in den Wäldern seinen Unterhalt finden würde, aber bald seinen Irrtum eingesehen. Ein Eingeborener gab ihm einmal einen Fisch, machte dabei aber Zeichen, dass er sich entfernen solle. Später sei er auf einen Haufen von Eingeborenen gestoßen, die ihn verbrennen wollten; es gelang ihm aber, ihnen, wenn auch mit einiger Schwierigkeit, zu entrinnen. Er behauptete, er habe wirklich die Überbleibsel eines menschlichen Körpers noch am Feuer liegen sehen. Eine derartige Nachricht aus einer solchen Quelle schien aber allen sehr unzuverlässig. Seinen Erzählungen zufolge litten die Eingeborenen zurzeit großen Mangel an Nahrung; er habe in den Wäldern viele Sterbende angetroffen, die durch Zeichen etwas zu essen verlangten, als wenn sie vor Hunger umkämen. Allerdings waren die Fische um diese Zeit sehr selten; der Sträfling schien nun die Meinung erregen zu wollen, dass die Eingeborenen im Notfall Menschenfleisch äßen. Zu dieser Meinung hat man aber bisher noch keinen genügenden Grund gefunden. Der Entwichene wurde wegen seines Vergehens verhört, bekannte sich für schuldig und wurde mit einem anderen Sträfling, der am Geburtstag des Königs einen Diebstahl begangen hatte, zum Tode verurteilt und hingerichtet.

Es war nunmehr außer allem Zweifel, dass nur die Notwendigkeit, so lange fast allein von gesalzenen Speisen leben und bei feuchter Witterung unter Zelten wohnen zu müssen, den Scharbock und alle anderen Krankheiten verursacht hatte. Das Klima der neuen Niederlassung war jedenfalls mild und gesund. Während der Wintermonate war der Mondwechsel gewöhnlich von heftigem Regen begleitet gewesen, aber keine Jahreszeit hätte man als eine eigentliche Regenzeit bezeichnen können.

Am 30. Juni waren von den Seesoldaten nebst ihren Frauen und Kindern 28 krank. Gestorben waren seit der Landung fünf von ihnen, nämlich drei Männer und zwei Kinder, überhaupt aber seit der ersten Einschiffung acht Personen.

Von den Sträflingen waren 66 teils krank, teils noch auf dem Wege der Besserung. Gestorben waren von dem Einschiffen bis zum Landen 45, nämlich 36 Männer, vier Frauen und fünf Kinder. Nach der Landung waren bisher gestorben 20 Männer, acht Frauen und acht Kinder. Die Anzahl der Sträflinge, die wegen hohen Alters und Gebrechlichkeit zum Arbeiten untauglich waren, betrug 52.

Begräbnisplatz eines Ureinwohners (nach Rienzi)

Die Anlage von Sydney

Unter allen erdenklichen Schauspielen sind wenige so interessant als die allmähliche Entstehung von Ordnung und regelmäßiger Einrichtung aus einem Chaos von Unruhe und Verwirrung. Nirgends kann man dieses Vergnügen in vollerem Maße genießen als da, wo eine Kolonie von gesitteten Völkern in einem neuentdeckten Land gegründet wird. Das Erste, was das Auge erblickt, ist ein ganz wildes, von Menschenhänden nie berührtes Land, wo dicht verwachsene Wälder, unfruchtbare Stellen, kahle Felsen oder mit Blumen, wucherndem Unkraut, blühenden Gesträuchen und weit um sich greifendem Buschwerk bedeckte Flecke in regelloser Unordnung nebeneinander liegen; bald nachher erscheinen hier und da Zelte und kleine Hütten, wo die Natur irgendein freies Plätzchen gelassen hat oder wo es am wenigsten Mühe kostet, die Hindernisse wegzuräumen. Überall ist ein Gewühl geschäftiger Arbeiter in den allerverschiedensten Beschäftigungen begriffen, welches die herrschende Unordnung noch vermehrt und eine Verwirrung von Gegenständen hervorbringt, die sich nie in Harmonie zu vereinigen scheint. Allmählich entstehen indessen freie Plätze, Pläne werden entworfen, Linien abgestochen. Es eröffnet sich wenigstens eine deutliche Aussicht auf künftige Ordnung, welche durch die Erinnerung an die vorhergehende Unordnung noch reizender wird.

In den letzteren Zustand ist die Kolonie in der Sydney-Bucht nun endlich gekommen. Es sind Linien gezogen, um die Hauptstraßen der Stadt zu bezeichnen. An einigen Stellen sind einstweilen Baracken errichtet worden; aber bleibende Gebäude wird man nicht anders auszuführen erlauben, als dem entworfenen Plan gemäß. Sollte die Stadt in der Folge erweitert werden müssen, so sind die anderen Straßen schon so bestimmt, dass sie das freie Eindringen der Luft nicht stören. Die Hauptstraßen werden, diesem Plan zufolge, 200 Fuß breit sein. Der dazu ausgesuchte Boden ist nach Süden zu fast ganz eben und die ganze Lage überhaupt zum Bauen vortrefflich. Der Gouverneur sorgt auch dafür, die öffentlichen Gebäude an solchen Stellen auszuführen, die zu allen Zeiten leicht und gut zu finden sind.

Die ersten Hütten wurden aus sehr vergänglichen Material erbaut, nämlich aus dem weichen Holz der Kohlpalme. Sie waren ja auch nur dazu bestimmt, Obdach zu bieten. Die Hütten der Sträflinge waren noch schlechter, denn sie bestanden bloß aus aufrecht stehenden Pfählen, die mit dünnen Zweigen durchflochten und schließlich mit Ton überzogen waren. Später wurden jedoch festere Baracken und Hütten aufgeführt. Man hätte leicht Häuser von Stein bauen können, wenn man nur Kalk zum Mörtel gehabt hätte. Die Steine, die sich hier fanden, sind von dreierlei Art: ein schöner, harter Stein, eine mittelmäßig gute Sorte Sand oder Feuerstein und eine dritte Art, die etwas Eisen zu enthalten scheint. Man hat aber bis jetzt weder Kalk noch irgendeine Art von Kalkstein gefunden. Zu einem kleinen Haus, das für den Gouverneur an der Ostseite der Bucht gebaut wurde, bereitete man Kalk aus Austernschalen, die in den benachbarten Buchten gesammelt wurden. Für mehrere und größere Gebäude ist aber diese Art Kalk nicht leicht zu bereiten. Solange ein so notwendiges Hilfsmittel unentdeckt bleibt, wird es bei den öffentlichen Gebäuden sehr langsam gehen, es sei denn, dass dafür gesorgt würde, dass alle nach Port Jackson bestimmten Schiffe Kalk als Ballast mitnehmen müssen. Einstweilen werden die Mauern nur durch Ton verbunden, weshalb man sie sehr dick machen muss.

Das Hospital liegt an der Westseite der Bucht, in einer sehr gesunden Lage und ganz abgesondert von der Stadt. Auf der Höhe zwischen dem Hospital und der Stadt will der Gouverneur, wenn sich dort genügend Wasser findet, die Kasernen errichten und sie mit einigen Festungswerken umgeben. Anfangs glaubte man mit dieser Arbeit gleich beginnen zu können, sobald die Transportschiffe ausgeladen und die Leute unter Dach waren. Aber der große Mangel an geschickten Arbeitern verzögerte alle Fortschritte so sehr, dass man dieses Unternehmen notwendigerweise noch einige Zeit aufschieben musste. Die Stelle, die für die Kirche bestimmt ist, liegt noch näher an der Stadt und wird eine Stelle des Paradeplatzes einnehmen. Am schleunigsten musste ein gegen Feuergefahr gesichertes Magazin gebaut werden. In einem Land, wo starke Gewitter so häufig sind, war es bedenklich, alle Lebensmittel und anderen Vorräte in einem leichten, hölzernen Gebäude aufzubewahren.

Auf der Landspitze, welche die Westseite der Bucht bildet, hat man unter der Leitung von Leutnant Dawes ein kleines Observatorium errichtet.

Anstatt des Schilfes bedient man sich jetzt zum Dachdecken hölzerner Spindeln von einem Baum, der das Aussehen unserer Tanne hat, dessen Holz aber dem Eichenholz ähnlicher ist. Diese Spindeln sind zwar etwas sicherer als Schilf, aber für die Vorratsgebäude sind sie doch nicht fest genug. Für diese wird man, wenn man keinen Schiefer findet, Ziegel aus dem Ton machen müssen, aus dem die Backsteine gefertigt werden. – Das Hauptackerfeld liegt an der nächsten Bucht ostwärts von der Stadt und noch nicht eine halbe Meile von ihr entfernt.

Die Sydney-Bucht ist nach Nordosten offen, geht dann ungefähr tausend Schritt weit in südwestlicher Richtung fort, nimmt in der Breite allmählich ab und endet zuletzt in einer Spitze, in die sich ein kleiner Bach ergießt. Das Klima wird im Allgemeinen für so gut gehalten wie nur irgendeins in Europa. Der Regen hält niemals lange an; Nebel gibt es selten. Der Boden ist zwar in dieser Gegend an verschiedenen Stellen leicht oder vielmehr sandig, aber doch nicht schlechter, als man ihn nahe an den Seeküsten gewöhnlich antrifft. Alle die Pflanzen und Obstbäume, die man aus Brasilien und vom Kap mitgenommen hatte, kamen sehr gut fort. In dem Garten des Gouverneurs gibt es vortrefflichen Blumenkohl und sehr schöne Melonen. Die Pomeranzenbäume blühen; die Feigen und Weinstöcke treiben außerordentlich stark.

Das Gras zeigte sich unglücklicherweise schädlich für die Schafe. Die Schweine und das Federvieh gediehen hingegen sehr gut. Das Rindvieh wird wahrscheinlich ebenso gut fortkommen; in Zukunft wird man auch leicht verhüten können, dass es sich in die Wälder verläuft. Den Pferden ist bisher noch kein Unfall zugestoßen.

Um diese Zeit schickte der Gouverneur zu jener Gegend an dem oberen Ende von Port Jackson, die ihm auf einer seiner Reisen so sehr fruchtbar erschienen war, eine kleine Abteilung, die aus einem Kapitän, zwei Leutnants, 25 Unteroffizieren und Gemeinen und etwa 50 Sträflingen bestand. Die Gegend ist sehr reizend; der Gouverneur gab ihr den Namen Rose Hill (Rosenhügel). Die Flachspflanze, die unsere Leute bei ihrer Ankunft sahen, hat man nicht in großen Mengen finden können; diesen Artikel kann man jedoch zu allen Zeiten in genügender Menge von Norfolk Island erhalten. Als man den Samen für reif hielt, ließ der Gouverneur ihn einsammeln. Man fand aber sehr wenig Pflanzen. An den Stellen, wo sie vorher so reichlich vorhanden waren, sah man jetzt gar keine. Man vermutet, dass die Eingeborenen die Pflanze ausreißen, wenn sie in Blüte steht, und ihre Angelschnüre daraus fertigen.

Trotz aller Schwierigkeiten, die sich zu Anfang in Menge fanden und bei einem derartigen Unternehmen zu erwarten waren, trotz aller Krankheiten, die aus mancherlei Ursachen einige Zeit lang herrschten, hat doch die Anlage in der Sydney-Bucht ein viel versprechendes Aussehen. Man kann nicht mehr zweifeln, dass alles nach Wunsch gehen wird. Anfangs hielt man den Mangel an frischem Wasser für ungünstig, aber es sind bereits verschiedene gute Quellen entdeckt worden. Das Haus des Gouverneurs steht 56 Fuß über der gewöhnlichen Höhe des Wassers zur Flutzeit, und doch hat man in einer Tiefe von etwa 15 Fuß im Felsen eine vortreffliche Quelle von sehr klarem Wasser entdeckt.

Über die Eingeborenen

Am 9. Juli wagten einige von den Eingeborenen ein Unternehmen, welches sehr deutlich bewies, dass sie entweder großen Mangel an Lebensmitteln litten oder sehr über die Zudringlichkeit der Fremden an ihren Fischplätzen entrüstet waren. Man hatte allen, die zum Fischen ausgeschickt wurden, befohlen, den Eingeborenen, die sich ihnen näherten, einen Teil des Fanges abzugeben. Mit diesem Verfahren schienen die Eingeborenen bisher immer zufrieden. An dem erwähnten Tag aber kamen ungefähr 20 von ihnen mit Speeren bewaffnet an den Fischplatz hinunter und nahmen gewaltsam den größten Teil der Fische weg, die in dem Netz waren, ohne auch nur den geringsten Versuch zu machen, sie auf gütliche Art zu erhalten. Während dieser Gewalttätigkeit stand in einer geringen Entfernung eine viel größere Anzahl mit erhobenen Speeren und war bereit, diese bei dem geringsten Widerstand zu werfen. Zum Glück war der Bootsmann, der die Fischer anführte, so klug, dass er sich nehmen ließ, was sie nur wollten, und sich friedlich von ihnen trennte.

Um diese Zeit unternahm der Gouverneur mit einer kleinen Gesellschaft nochmals eine Reise, um die Gegend zwischen Port Jackson und der Broken Bay zu untersuchen. Hier fand man mehrere hundert Morgen

Land frei von Waldungen und sehr zum Ackerbau geeignet. Die Reise erstreckte sich bis zum Pittswater, wo man auf verschiedene Eingeborenen stieß, die sich aber nicht nähern wollten. Als die Engländer zu ihren Booten nahe an der Mündung des Hafens zurückkehrten, fanden sie etwa 60 Eingeborene – Männer, Frauen und Kinder – dort versammelt. Man brachte mit ihnen einige Stunden ganz friedlich und freundschaftlich zu; aber obgleich sie während der ganzen Zeit keine Unruhe verrieten, schienen sie doch zufrieden, als ihre Gäste Anstalten zur Abfahrt machten. Seitdem es unter den Eingeborenen bekannt ist, dass wir an der Küste bleiben, haben wir bei ihnen ein derartiges Verhalten fast immer beobachten können. Einige von den Frauen fischten während unseres Zusammenseins; es scheint dies ihre gewöhnliche Arbeit zu sein, während die Männer die Kanus, die Speere und andere Gerätschaften fertigen. Man bemerkte hier übrigens auch zwei Frauen, die an den Schultern ebensolche Narben wie die Männer hatten.

Die Matrosen, die bei den Booten am Ufer zurückgeblieben waren, hatten während der Abwesenheit des Gouverneurs und seiner Begleiter ungefähr 200 Eingeborene bemerkt, die sich in zwei Haufen teilten. Von jeder Seite traten einzelne Männer hervor, hoben ihre Speere und deckten sich dabei mit ihren Schilden. Anfangs schien dies bloß ein kriegerisches Spiel zu sein, denn die Frauen, die zu beiden Haufen gehörten, blieben ruhig zusammen am Ufer. Später aber bekam es ein ernsthafteres Aussehen, denn die Frauen sollen in großer Bewegung und mit lautem Geschrei am Strand auf und ab gelaufen sein. Man sah jedoch nicht, dass irgendjemand getötet wurde.

Man vermutete, dass viele von den Eingeborenen wegen des großen Fischmangels diesen Teil der Küste verlassen hätten. Man benutzte daher die Gelegenheit, die verschiedenen Buchten und Krümmungen des Hafens alle an einem Tag zu durchsuchen. Man zählte auch nicht mehr als 67 Kanus und 130 Menschen. Aber es war gerade die Jahreszeit, in welcher sie ihre neuen Kanus machen, und man wusste, dass sich große Haufen zu diesem Zweck in den Wäldern befanden.

Einige Tage nach der Untersuchung begab sich der Gouverneur von neuem auf den Weg, um die Küste zwischen Port Jackson und Botany Bay zu erforschen. Auf dieser Reise sah man wenige Eingeborene; man fand aber neue Beweise, dass sie großen Mangel an Nahrung litten. Im vorigen Sommer hatten sie weder den Haifisch noch den Stachelrochen essen wollen, aber jetzt waren ihnen sogar noch schlechtere Speisen willkommen. Es war gerade ein junger Walfisch an den Strand getrieben worden; sie beschäftigten sich sehr emsig damit, ihn wegzuschleppen. Alle, die man zu Gesicht bekam, trugen von dem Walfisch große Stücke, die nur eben so lange auf dem Feuer gelegen hatten, um die Außenseite ein wenig zu rösten.

Die Eingeborenen von New South Wales haben sehr wenig Zierrate; in der Hauptsache bestehen diese in den Narben, die sie sich in die Haut einschneiden, und in der Malerei, mit der sie sich anstreichen. Die Männer tragen ganz kurze Bärte, die sie wahrscheinlich immer absengen, um sie so kurz zu halten. Einige Eingeborene ließen sich bei unserer Ankunft mit vielem Vergnügen rasieren. In ihr Haar hängen sie zuweilen Hundezähne, Scheren von Seekrebsen und verschiedene kleine Knochen, die sie mit Harz festkleben. Bei den Frauen hat man nie derart Zierrat gesehen. Sie tragen zwar keine Kleider, scheinen aber doch gegen die Kälte nicht unempfindlich zu sein und besonders den Regen sehr übel zu empfinden. Bei einem Platzregen hat man gesehen, dass sie die Köpfe mit Stücken Baumrinde bedecken und am ganzen Leibe vor Frost zittern. Aus diesen Umständen schloss der Gouverneur, dass eine Bekleidung ihnen sehr angenehm sein würde, wenn man sie nur bewegen könnte, die Engländer fleißiger zu besuchen und den Gebrauch der Kleider von ihnen zu lernen. Er hat sich daher auch von der Regierung einen Vorrat von Hemden und Jacken ausgebeten, um diese unter den Eingeborenen zu verteilen.

Gewöhnlich riechen ihre Körper sehr nach Öl, und ihre Hautfarbe erscheint durch den Schmutz noch dunkler. Trotz dieser Unsauberkeit geben sie bei starken widrigen Gerüchen Zeichen des Ekels von sich. Einer von ihnen, der ein Stück Schweinefleisch berührt hatte, hielt mit einem starken Ausdruck des Unwillens und Ekels den Übrigen seinen Finger hin, damit sie daran riechen sollten. Brot und Fleisch nehmen sie in der Regel an, sie werfen es aber meistens bald wieder weg.

Welche Gebräuche sie bei ihren Toten beachten, ist noch nicht zuverlässig bekannt. An verschiedenen Orten fand man einige Erhöhungen des Bodens, die den Grabhügeln des gemeinen Volkes auf unseren Kirchhöfen glichen. Der Gouverneur ließ einige von diesen Hügeln öffnen. In einem davon fand man eine halb verbrannte Kinnlade, aber in den meisten anderen nichts als Asche. Aus der Lage dieser Asche sah man, dass die Körper der Länge nach gelegen haben mussten und nur wenige Zoll hoch über der Erde, sodass gerade noch ein Feuer darunter hatte brennen können. Vermutlich waren die Leichen, sobald sie verbrannt waren, locker mit Erde bedeckt worden. Gewöhnlich sah man darüber noch Farrenkraut gebreitet, das mit einigen Steinen beschwert war, damit es der Wind nicht wegwehen sollte. Diese Gräber sind nur in geringer Anzahl und auch nie in der Nähe ihrer Hütten gefunden worden.

Die Eingeborenen scheinen unter sich selbst sehr ehrlich zu sein, denn sie lassen häufig ihre Speere und andere Gerätschaften am Strand liegen in der festen Überzeugung, sie dort wieder zu finden. Diese Arglosigkeit wird von den Sträflingen nur zu oft missbraucht, indem sie die Waffen wegnehmen und sie an Schiffe verkaufen, die nach England fahren. Die Gefahr, dass sie als Diebe und die Ankäufer wegen Hehlerei bestraft werden können, stört sie wenig. Die Eingeborenen rächen sich dafür an denen, die einzeln herumstreifen und auf die sie durch Zufall stoßen. Wahrscheinlich haben die Eingeborenen die Sträflinge schon an ihren blauen und gelben Jacken von den Übrigen unterscheiden gelernt, da ihnen ja die Soldaten von Anfang an durch ihre roten Röcke auffielen. Außer dieser eigenmächtig ausgeübten Gerechtigkeit haben sie noch nie irgendeine offenbare Feindseligkeit verübt, den einen Fall ausgenommen, wo sie Fische wegnahmen. Sie haben den Ansiedlern weder durch Anzünden des Grases zu schaden gesucht, wie sie es bei Cooks Anwesenheit taten, noch haben sie Neigung gezeigt, sich an den Getreidefeldern zu vergreifen. Die Erhaltung des Korns ist für die Niederlassung so außerordentlich notwendig, dass jeder Versuch, es zu verderben, entschieden hintertrieben werden müsste. In keinem einzigen anderen Fall aber wird man zu harten Maßregeln schreiten oder versuchen, die Eingeborenen weiter von der Niederlassung zu vertreiben. Güte ist einzig und allein, was man gebrauchen will, und Einigkeit das, was man erreichen will. Leider muss aber doch der Gouverneur bezweifeln, dass er je einen von den Eingeborenen anders als durch Zwang würde bewegen können, sich lange genug unter den Engländern aufzuhalten, dass sich die beiderseitige Sprache erlernen ließe. Bisher ist der Gouverneur noch nicht geneigt gewesen, diesen Weg zu beschreiten. Wenn es je möglich ist, sie von den freundschaftlichen Gesinnungen des Gouverneurs und seiner Leute zu überzeugen und ihnen begreiflich zu machen, dass die, die ihnen gelegentlich Schaden zufügen, schon zu einer verworfenen Klasse von Menschen gehören und wegen dieser Vergehen streng bestraft werden, dann werden sie vielleicht Vertrauen zu ihren neuen Landsleuten fassen, sich nach und nach mit ihren Werkzeugen bereichern und von ihnen die nützlichsten und notwendigsten Künste lernen. Man kann vielleicht noch Zweifel darüber haben, ob viele von den Bequemlichkeiten des zivilisierten Lebens die Menge erkünstelter Bedürfnisse aufwiegen, welche sie erzeugen. Aber wer den nackten Wilden lehrt, wie er seinen Körper bekleiden und sich vor Kälte und Nässe schützen kann, und ihm, der die Hälfte des Jahres in Gefahr steht, Hungers zu sterben, Mittel an die Hand gibt, sich einen sicheren und reichlichen Unterhalt zu verschaffen: der erweist ihm doch ganz unleugbar die schätzbarsten und wichtigsten Wohltaten.

Am 2. Oktober 1788 segelte die »Sirius« zum Kap ab, um Korn und andere Bedürfnisse einzukaufen. Lebendes Vieh sollte dieses Schiff aber nicht mitbringen, weil dieses noch entbehrlich war, da die Niederlassung Lebensmittelvorräte noch auf 18 Monate hatte, aber nicht Korn genug zur Saat und zum Futter für das Vieh. Die Vorratsschiffe »Fishburn« und »Golden Grove« segelten im November nach England. Die »Supply« wurde zum gelegentlichen Gebrauch in Port Jackson behalten. Um diese Zeit wohnten schon alle

Offiziere in besonderen Häusern, auch die Truppen hatten bequeme Wohnungen, obgleich die Kasernen noch unvollendet waren.

Bericht

des

Leutnant Gidley King

über die Zweigniederlassung auf Norfolk Island

Am 15. Februar 1788 verließ ich Port Jackson auf der »Supply«, um mich nach Norfolk Island zu begeben, wo ich nach dem Willen des Gouverneurs Phillip eine Niederlassung anlegen sollte. Mit mir fuhren Mister Cunningham, der Steuermann der »Sirius«, zwei Wundarztgehilfen von der »Sirius«, zwei Matrosen, ein Weber, zwei Soldaten, neun Sträflinge männlichen und sechs Sträflinge weiblichen Geschlechts. Das Kommando der »Supply« führte Lieutenant Ball.

Am 29. Februar erblickten wir Norfolk Island. Anfangs bemühten wir uns vergeblich, einen Landungsplatz zu finden. Endlich aber landete ich mit Leutnant Ball auf der nördlichen Spitze der Insel an einem großen Felsen, der nahe an dem dort steinigen Ufer liegt. An diesem Felsen muss auch Cook gelandet sein, denn an der nordöstlichen Seite der Insel ist eine Landung an keiner anderen Stelle möglich. An der südwestlichen Seite findet sich nur eine einzige Stelle, an der man landen könnte: eine kleine Bucht (Anson Bay), die gerade an der westlichen Spitze liegt.

Am 4. März landete ich mit zwei Mann, um quer über die Insel zu der Anson Bay zu gelangen. Wir erstiegen einen sehr steilen Hügel und befanden uns auf dem hochgelegenen Teil der Insel, der an sich schön eben war, dessen Boden aber dicht mit Bäumen und großen Wurzeln bedeckt war. Wir konnten außerdem kaum vier Schritt weit gehen, ohne von einem beinahe undurchdringlichen Geflecht aufgehalten zu werden, das aus einem rankenden Gewächs – ähnlich den Weinreben – bestand und so stark war, dass es verschiedene Bäume niederbeugte. Wir mussten uns hier buchstäblich einen Weg durchhauen. Zwischen den Baumwurzeln wächst keinerlei Gras, obgleich der Boden überall sehr fest und gut war. Das rührt vermutlich daher, dass weder Sonne noch Luft durch dieses Gewirr dringen kann. Die zahlreichen Fichten sind von fast unglaublicher Höhe. Eine, die Sturm oder Alter gefällt hatte, war 140 Fuß lang; verschiedene, die noch standen, maßen dreißig Fuß im Durchmesser. Sie wachsen völlig gerade in die Höhe; ihr Stamm ist 80 Fuß hoch von der Erde ohne Zweige.

Es war uns unmöglich, in die Ansan Bay zu gelangen. Wir konnten nur auf sie hinabblicken. Die Erhöhung, auf der wir standen, war nämlich eine senkrecht abfallende Klippe. Dass die Abhänge der Klippe mit Flachspflanzen bewachsen waren, verdanken wir es, dass wir bei unseren Versuchen, in die Bucht zu gelangen, nicht in eine Tiefe von 90 Fuß hinabstürzten. Wir konnten uns noch rechtzeitig an den Pflanzen festhalten und freuten uns über unsere Rettung; wir verspürten keine Lust, noch einen ähnlichen Versuch zu wagen.

Auf unserem Rückweg sahen wir Tauben, Papageien und eine Menge anderer Vögel, die so wenig scheu waren, dass sie sich mit einem Stock niederschlagen ließen. Überall bemerkten wir große Stücke Bimsstein; wir vermuteten deshalb, dass auf dem Berg, der sich auf der Insel zu beträchtlicher Höhe erhebt und von mir den Namen Pits erhielt, oder irgendwo in dessen Nähe, ein Krater oder doch ein Überrest davon zu finden sein mochte.

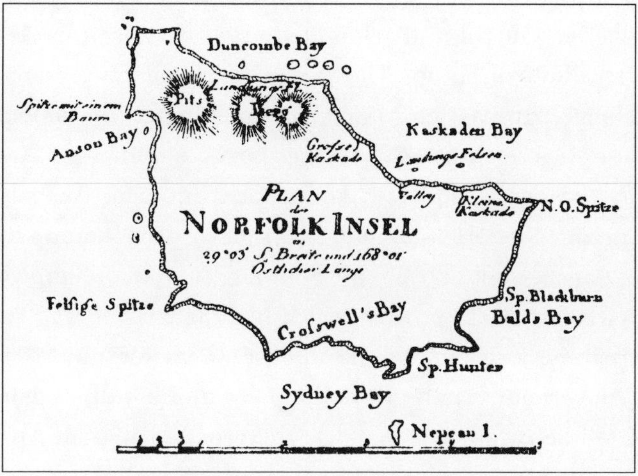

Am 6. März endlich landeten wir in einer Bucht (Sydney Bay) an der Südseite der Insel, da man in dem vor ihr gelegenen Riff eine Öffnung entdeckt hatte. Sobald das Notwendigste ans Ufer gebracht war, fingen wir an, ein kleines Stück Land zu reinigen und die Zelte aufzuschlagen. Am folgenden Tag wurde ein anderes Stück Land zum Anbau in Angriff genommen. Bald entdeckten wir dicht hinter unserem Niederlassungsort einen sehr schönen Bach. Bei einer Untersuchung der um unsere Niederlassung gelegenen Gegend fand

ich, dass sie fast undurchdringlich war: Die Wurzeln der Bäume erhoben sich meist zwei Fuß hoch über dem Boden; überall, wo nur Platz war, schlang sich das rankende Gewächs; in der Dicke eines Mannsbeines wand es sich an den Bäumen hinauf, wuchs nach allen Richtungen und bildete ein undurchdringliches Netzwerk; hier und da bog es Bäume zur Erde nieder, fasste wieder Wurzel und schlängelte sich wieder an anderen Bäumen empor. Der ganze Wald war unwegsam. Da ich nur wenige Männer bei mir hatte, von denen überdies einer ein 72-jähriger Greis, ein anderer ein 15-jähriger Knabe war, konnte ich mit dem Ausbau meiner Niederlassung nur langsam vorwärts kommen.

Am 9. März, an einem Sonntag, fuhr die »Supply« nach Port Jackson zurück. Ich hielt an diesem Tag in meinem Zelt einen Gottesdienst ab, las die mir vom Gouverneur erteilte Bestallung vor und kündigte den Übeltätern an, wie sie sich zu verhalten hätten. Am Nachmittag wurden auf dem sandigen Strand am östlichen Ende der Bucht zwei Schildkröten gefangen, deren jede 200 Pfund wog. Bis zum 15. März waren wir alle damit beschäftigt, einen Garten, 87 Quadratfuß groß, instand zu setzen und einzuhegen. Sobald er in Ordnung war, säten wir einen kleinen Teil der Sämereien aus, die Gouverneur Phillip mir mitgegeben hatte. Am 15. März wurden übrigens abermals zwei Schildkröten am Strand umgewendet und zur Kolonie gebracht. Bei Ebbe und hellem Wetter sahen wir gewöhnlich drei dieser Tiere am Strand liegen; bei trübem Wetter hingegen kamen sie nie ans Ufer. Da man auch nirgends Gruben bemerkte, in die sie ihre Eier gelegt hätten, vermutete ich, dass sie gar nicht auf der Insel brüteten.

Am nächsten Sonntag hielt ich wieder Gottesdienst. Zwei Sträflinge, denen ich am Tag zuvor Erlaubnis zu einer Wanderung in das Hinterland der Insel gegeben hatte, kehrten an diesem Tag zurück, aber völlig nackt und mit mehreren, teilweise tiefen Wunden, die ihnen das Gestrüpp an verschiedenen Stellen ihres Körpers gerissen hatte. Sie waren kaum eine Stunde von der Niederlassung weg gewesen, als sie in den dichten Waldungen die Sonne nicht mehr sehen konnten. Sie waren deshalb lange umhergeirrt. Endlich hatten sie den Schall unserer Kirchglocke – eines leeren Fasses, auf das ein Mann schlug – gehört und hatten bald zur Niederlassung zurückgefunden.

Am 17. März wurde mit dem Bau eines Vorratshauses begonnen, da sich die Vorräte bis jetzt noch in meinem Zelt befanden. Zwei Tage später war der größte Teil des Samens, den der Gouverneur bei der Überfahrt von England am Kap der Guten Hoffnung erstanden hatte, aufgegangen. Aus dem von England mitgebrachten Samen war fast gar nichts geworden, weil er verdorben war. Am 2. April war das Vorratshaus fertig. Zu meinem Verdruss musste ich um diese Zeit feststellen, dass es auf der Insel eine Menge Ratten gab, die einigen Mais, der schon drei Zoll hoch stand, vernichtet hatten.

Unser Niederlassungsort in der Sydney Bay liegt an der Ostseite eines Hügels, den ich Georgsberg nannte. Da ich vermutete, dass es im Winter häufig Südwestwinde geben würde, ließ ich auch an der Nordostseite des Hügels den Boden ausroden. Bis Mitte Juni sollte diese Arbeit beendigt sein; ich wollte dann das Land mit Weizen und Gerste besäen. Seit dem 15. März hatten wir keine Schildkröten mehr bemerkt, obgleich wir alle Vorsicht angewandt hatten, etwa vorhandene nicht zu verjagen. Das war für uns ein großer Verlust, denn da Fleisch dieser Tiere war uns bisher sehr zustatten gekommen. Ein anderer ungünstiger Umstand war der, dass bis jetzt noch keines unserer Gartenerzeugnisse fortkommen wollte. Als teilweiser Ersatz diente uns die Kohlpalme, die es in großer Menge gab.

Hinter dem Georgsberg liegt ein schönes Tal, das wir am 5. April aufsuchten. Wir fanden Gruppen dicht nebeneinander stehender Bananen oder Pisangs. Da das Tal vor allen Winden geschützt ist, hielt ich es für gut, dort einen Garten anzulegen. Unsere Leute beschäftigten sich nun regelmäßig; ihre Arbeiten wurden jedoch oft durch Erkältungen unterbrochen, die übrigens die einzigen Krankheiten waren, unter denen wir zu leiden hatten. Allerdings wurden manche Arbeitsleute des Öfteren für vier oder fünf Tage blind, und zwar durch den weißen Saft eines Baumes, der ihnen beim Umhauen in die Augen spritzte und tagelang brennende Schmerzen verursachte. Ein Mann, der sich nicht rechtzeitig an den Wundarzt gewendet hatte, erblindete sogar völlig. Das beste Mittel war florentinisches Öl, das man in die Augen träufelte.

Die zahlreichen Ratten und Raupen fügten uns außerordentlichen Schaden zu. Am 11. April hatten wir in das Gartenland etwas Weizen gesät; am folgenden Morgen waren die Körner von den Ratten vollständig aufgefressen. Die Raupen fielen über die Küchengewächse und Kartoffeln her, die den üblen Wirkungen des Südwinds noch standgehalten hatten. Bald nach unserer Ankunft hatte ich alle leeren Fässer in Rattenfallen verwandeln lassen. Nur anfangs fingen wir einige; die Übrigen wurden vorsichtig und mieden die Fallen. Ich ließ deshalb sehr fein gestoßenes Glas mit Hafermehl vermischen und im Garten ausstreuen. Das hatte Erfolg, eine Menge dieses Viehzeugs wurde getötet. Den Raupen suchte ich mit Asche, Aschenlauge und Urin zu Leibe zu gehen. Aber alles vergebens; die Frauen mussten sich deshalb unentwegt damit beschäftigen, sie von den wenigen noch übrig gebliebenen Pflanzen abzulesen.

Von den sechs Schafen, die ich mit zur Insel gebracht hatte, starben trotz der sorgfältigen Pflege fünf an der Räude. Außerdem starb eins von den Schweinen; es schien im Wald etwas Giftiges gefressen zu haben. Meine übrigen Tiere schienen sich indessen recht wohl zu fühlen; es waren drei Schweine, zwei Eber, vier Hennen, ein Hahn, drei Enten, ein Enterich und eine Ziege.

Am 24. April vergiftete sich abermals ein Schwein. Ich sperrte deshalb nunmehr die Übrigen in eine Umzäunung. Das belastete uns natürlich, da wir jetzt Futter für sie herbeischaffen mussten. Glücklicherweise entdeckten wir einen Baum, der sehr gutes Futter gab. Dieser Baum wird 80 Fuß hoch; seine Zweige, die sehr denen der Palmbäume ähneln, fallen jährlich ab und lassen an dem Stamm eine Narbe zurück. Das Laub an diesen Zweigen hat viel Ähnlichkeit mit dem Farnkraut, weshalb wir diesen Baum auch Farnkrautbaum nannten. Das Mark dieses Baumes besteht aus einer weißen Substanz; gekocht schmeckt sie wie schlechte Rüben. Der Stamm besteht aus hartem Holz und ist vom Boden bis zum Gipfel von regelmäßigen Narben bedeckt. Der Baum kommt auf der Insel in großer Menge vor.

Am 8. Mai wurden sechs Personen, davon drei Sträflinge, durch den Genuss von Bohnen vergiftet, die sehr genießbar aussahen. Sie hatten die Bohnen gekocht und in Butter geschmort. Zwei Stunden nach der Mahlzeit bekamen sie heftige Leibschmerzen, hatten kalten Schweiß und mussten sich erbrechen. Süßes Öl, das ich zum Glück besaß, und einige Arzneien leisteten aber Hilfe, doch wurden alle sechs so schwach, dass sie eine Woche lang nicht die geringste Arbeit verrichten konnten.

Da wir am Ufer keine Fische mehr fingen, schickte ich am 9. Mai in einem Boot einige Leute aus. Nach zwei Stunden brachten sie 36 schöne Fische zurück, von denen jeder sechs bis acht Pfund wog. Leider konnten wir den Fischfang als Zuschuss zu unserer Ernährung nicht regelmäßig ausüben, da wegen der heftigen Brandung sich zuweilen wochenlang ein Boot nicht vom Strand wagen konnte.

Wie ich schon berichtet habe, fanden wir bei unserer Ankunft auf der Insel eine Menge Tauben vor, die so wenig scheu waren, dass wir sie mit Stöcken niederschlagen konnten. Nach und nach verließen sie aber die niedrigen Zweige und nisteten höher. Gerupft und ausgenommen wog eine solche Taube gewöhnlich ein Pfund. Auch Papageien gibt es auf der Insel eine große Menge. Es sind die hässlichsten Vögel dieser Art; sowohl durch ihr Gefieder wie auch durch ihre widrige Stimme sind sie sehr unangenehm. Manche sind mit Ausnahme eines roten Schopfes völlig grün. Wir beobachteten außerdem eine grüne und eine blaue Art von Habichten; sie sind große Feinde der jungen Hühner, stießen aber auch oft auf Ratten herab. Wachtel und Brachvögel findet man ebenfalls sehr zahlreich; sie sind jedoch sehr scheu. Die Eulen, deren Gefieder sehr schön ist, geben einen Ton von sich, der so klingt, als wenn ein Mann den anderen riefe; ganz deutlich lassen sich die Silben ja-ho hören. Viele von den kleineren, sehr schön gefiederten Vögeln singen sehr lieblich.

Am 18. Mai wurde der Bau meines Hauses vollendet. Am nächsten Tag machte ich mich auf, um den Bach, der durch das Arthur Valley fließt, bis zu seiner Quelle zu verfolgen. Nachdem ich den größten Teil des Tages hindurch gewandert war, kehrte ich völlig ermattet und mit von Dornen zerrissener Kleidung zurück.

Am Nachmittag des 1. Juni machte ich in einem Boot den Versuch, auf Nepea Island zu landen. Wegen der zahlreichen Felsen und der starken Brandung gelang mir dies indessen nicht. Nepea Island ist mit Tannen bewachsen, die nicht allzu dicht stehen. Abends kehrte ich mit einem Fang von 36 sehr schönen Fischen zurück, die, wie gewöhnlich, verteilt wurden.

Da ich nur für fünf Monate Brot und Mehl mitgebracht hatte und von jedem nur noch drei Fässer übrig hatte, die bei vollen Portionen nicht länger als zwei Monate gereicht hätten, setzte ich am 2. Juni die Mehl- und Brotrationen auf zwei Drittteile herab.

Am 26. Juli abends bemerkten wir endlich die »Supply«; wegen des ungünstigen Windes konnte sie aber erst am 4. August ankern. Am nächsten Tag wurde mit der Ausladung begonnen; das Schiff brachte uns Lebensmittel, Werkzeuge und verschiedene Sämereien. Da am 6. August in der Flutzeit die Brandung sehr heftig wurde, schickte ich den ausladenden Booten der »Supply« Mister Cunningham mit vier Mann in einem Boot entgegen. Unser Boot geriet aber in die Brandung und wurde umgeworfen. Meine Betrübnis über diesen unglücklichen Vorfall lässt sich kaum beschreiben. Ich verlor dadurch Mister Cunningham, den ich als einen rechtschaffenen jungen Mann aufrichtig liebte, außerdem einen Zimmermann und einen der anständigen Sträflinge; ein anderer Sträfling entging nur mit genauer Not dem Tod. Auch ein Matrose der »Supply« ertrank.

Gouverneur Phillip hatte mir verschiedene Fragen über die Insel zugeschickt, die ich ihm schriftlich beantwortete. Am 11. August fuhr die »Supply« wieder nach Port Jackson ab. Die häufigen Unfälle, die sich mit unseren Booten ereigneten, bewogen mich, einen besseren Landungsplatz in der Ball Bay und in der Kaskaden Bay zu suchen. Der Strand in der Ball Bay besteht aus großen, locker liegenden Steinen; es ist deshalb für Boote nicht ungefährlich, dort zu landen. Wir hatten aber bald einen guten Landungsplatz aufgeräumt; doch nach drei Monaten waren die Steine wieder hineingespült, von denen manche 200 Pfund wogen. Außerdem ist die Ball Bay mit so steilen Hügeln umgeben, dass nur mit Schwierigkeiten von ihr zur Niederlassung zu gelangen ist. Die Kaskaden Bay ist ihrer Lage wegen der beste Landungsplatz für den Winter; der Grund ist allerdings hier sehr verschlammt.

Bis Anfang September konnten die Kolonisten nicht viel Arbeit für sich selbst verrichten. Als aber der Mais bestellt war, gab ich für die Zeit vom 3. bis 14. September allen die Erlaubnis, die eigenen Gärten in Ordnung zu bringen. In diesem Monat wurde auch wieder eine Schildkröte am Strand erlegt. Wir bemerkten auch eine große Menge Walfische, von denen einige sehr nahe an das Riff kamen. Schon bei unserer Ankunft auf der Insel hatte ich die vollständigen Skelette von zwei Walfischen gefunden, die vermutlich an das Ufer getrieben und von den Ratten und Vögeln verzehrt worden waren.

Der Mais ging sehr gut auf und schien sich sehr gut zu entwickeln. Unter den Gerstenpflanzen hatte ein Samenkorn 124 Halme getrieben. Bei diesen angenehmen Aussichten beschloss ich die Erbauung eines Kornhauses und ließ sofort damit beginnen.

Anfang Oktober trat eine erhebliche Veränderung des Wetters ein. Tagsüber wurde es sehr warm, während Abende und Morgen noch recht kalt blieben.

Am 4. Oktober trat ich morgens eine Reise zum Berg Pits an, den ich mittags erreichte. Von dem Gipfel hatte ich eine ausgezeichnete Aussicht über die ganze Insel. Das malerische Bild zeigte eine üppige Fruchtbarkeit; alles war ein dicht wuchernder Wald. Kurz unterhalb des Gipfels wuchsen sehr große Tannen; es ist in der Tat erstaunlich, wie sie den oftmals so heftigen Stürmen widerstehen konnten.

Am 13. Oktober erblickten wir das Transportschiff »The Golden Grove«. Es brachte uns den Seekadetten Donovan, einen Sergeanten, einen Korporal, fünf Seesoldaten, zwei Gärtner, 21 Sträflinge männlichen und elf Sträflinge weiblichen Geschlechts mit. Außerdem erhielten wir Lebensmittel (Mehl, Pökelfleisch, Butter, Erbsen und Rum) für sieben Monate, auch zwei Schweine, 14 Ferkel und eine Ziege. Am 29. Oktober segelte das Schiff wieder nach Port Jackson ab.

Unsere Kolonie bestand nunmehr aus 16 freien Männern und 46 Sträflingen, von denen 29 männlichen und 17 weiblichen Geschlechts waren. Den zuletzt Angekommenen gab ich, um sie aufzumuntern, bis zum

30. Oktober Zeit, sich Häuser zu bauen und etwas Gartenland zu reinigen.

Im November wurde die Witterung sehr heiß. Am 29. November landete ich auf der Nepea Island. Ich stellte fest, dass sie aus einer Sandmasse besteht, die von den sie umgebenden Klippen zusammengehalten wird. Obgleich nicht die mindeste fruchtbare Erde auf der Insel zu sehen war, wuchsen doch an die 200 schöne Tannen darauf. Übrigens war die Oberfläche mit einer groben Grasart bedeckt.

Am 8. Dezember sammelte ich alle Gerste ein, die im Juni und Juli auf einen Morgen Land gesät worden war. Anfangs hatte sie ein viel versprechendes Aussehen gehabt. Im September schlug aber ein starker Regen einen großen Teil zu Boden. Außerdem hatten die Ratten und Wachteln unglaublich viel verwüstet. Wir hatten gehofft, wenigstens 50 Scheffel zu retten. Am Ende betrug die Ernte aber nur zehn Scheffel. Die Gartengewächse standen sehr gut; von dem Kohl, den wir schnitten, wog der Kopf 26 Pfund. Am 22. Dezember wurde auch etwas Weizen geerntet; er war am 11. August gesät worden. Er hatte schöne und volle Körner, doch wegen der späten Aussaat war er nicht ganz so gut, als es sich sonst wohl hätte erwarten lassen.

Am 5. Januar 1789 fuhr ich in einem Boot aus und untersuchte die Nord- und Westseite der Insel. Ich fand senkrechte Klippen vor. Ich landete schließlich in der Ansan Bay und fand die vom Meer angetriebenen Überreste eines Kanus und eine gut erhaltene Kokosnuss.

Der Strand in der Ansan Bay ist sehr schmal und scheint nur aus Treibsand zu bestehen. Frisches Wasser gibt es nicht in der Nähe. Die Bucht ist von steilen Abhängen umgeben, an denen eine Anzahl Flachspflanzen wächst.

Am Abend des 14. Januar verirrte sich der Bootsmann auf der Rückreise von der Ball Bay in den Waldungen. Gleich am nächsten Tag wurde er nackend und so völlig entkräftet aufgefunden, dass er zur Niederlassung zurückgetragen werden musste. Er hatte verschiedene tiefe Wunden erlitten und konnte einige Zeit das Bett nicht verlassen.

Im Januar hatten wir bis zum 22. sehr schönes, beständiges Wetter. Von diesem Tag an bis zum Ende des Monats aber fiel ununterbrochen ein starker Regen, ohne dass er auch nur eine einzige Stunde nachließ. Von einem derartigen Regen hatte ich bisher noch nie etwas gehört. Zugleich gab es starken Wind aus Nordosten.

Um diese Zeit hatten die Sträflinge den Plan entworfen, mich und die übrigen freien Leute auf der Insel zu überwältigen, dann die »Supply« oder ein anderes ankommendes Schiff in ihre Gewalt zu bringen und von der Insel zu entfliehen. Zum Glück wurde jedoch das Vorhaben noch rechtzeitig entdeckt und vereitelt. Die beiden Rädelsführer ließ ich in Ketten legen. Etwa nach 14 Tagen gab ich sie wieder frei; ich hatte aber bestimmt, dass der eine der Rädelsführer, ein sehr schlechter, unzuverlässiger Mensch, bei der ersten Gelegenheit nach Port Jackson zurückgebracht würde.

Der Februar begann mit heftigen Stürmen und starken Regengüssen, die den Mais und verschiedene andere Gewächse sehr beschädigten. Am 6. Februar hatten wir sehr starken Nordwind, begleitet von Blitzen – die ersten Blitze, die ich seit meiner Ankunft auf der Insel sah. Um die Mitte des Monats ließ der starke Regen nach; am 16. war das Wetter gut. Wir untersuchten sofort die in den Kellern befindlichen Vorräte. Als wir zu dem Mehlvorrat unter dem Haus des Wundarztes kamen, fanden wir, dass viel Wasser eingedrungen war und die Fässer zum Teil stark beschädigt hatte. Bis zum 21. Februar war jedermann damit beschäftigt, das verdorbene Mehl von dem guten zu trennen.

Nach wenigen Tagen guten Wetters begann am 25. Februar ein Orkan, der in seiner Furchtbarkeit aller Beschreibung spottete. Die Heftigkeit des Windes nahm von Stunde zu Stunde zu. Am folgenden Morgen hatte der Sturm schon einige der größten Tannen samt den Wurzeln ausgerissen. Eine der Tannen fiel auf den Schweinestall und erschlug eine schöne Sau mit sieben Ferkeln – diese Tiere waren mein Eigentum –, außerdem drei Schweine und zwei Eber, die der Krone gehörten. Ein harter Schlag für eine erst so kurze Zeit bestehende Kolonie! Doch es kam noch schlimmer; es fehlte nicht viel, und wir hätten unseren ganzen Mehlvorrat verloren.

Bis Mittag verstärkte sich der Wind bis zu einem geradezu fürchterlichen Orkan, verbunden mit den gewaltigsten Regengüssen, die ich jemals erlebt habe oder habe schildern hören. Jeden Augenblick wurden Tannen und Eichen vom stärksten Wuchs niedergestürzt und samt ihrer Wurzeln und den sie umgebenden Felsen ausgerissen, sodass häufig Erdlöcher von wenigstens zehn Fuß Tiefe entstanden. Einige der größten Bäume, die 180 Fuß hoch und vier Fuß im Durchmesser waren, wurden beträchtlich weit von ihrem Stand fortgeschleudert. Saßen die Bäume mit ihren Wurzeln zu tief in der Erde, als dass sie ausgerissen werden konnten, so wurden sie mit ihren Gipfeln beinahe bis zur Erde niedergeknickt. Schrecken ergriff uns, als ein großer Baum quer über unser Kornhaus fiel, es in Stücke schlug und viele Mehlfässer, die sich darin befanden, zerschmetterte. Nur dadurch, dass sofort alle Hände zugriffen, das Mehl und die anderen Vorräte in kurzer Zeit einsammelten und in meinem Haus unterbrachten, wurde Schlimmeres verhütet. Nur einige Pfund Mehl und eine Kleinigkeit der übrigen Vorräte, die der Sturm einfach wegblies, gingen verloren. Der Orkan tobte nun weiter mit einer Wut, die sich schlechterdings nicht beschreiben lässt. Ganze Waldungen schienen von ihren Wurzeln weggerissen zu werden. Um ein Uhr nachmittags lagen rings um die Niederlassung so viele niedergestürzte Bäume, als 50 Männer in 14 Tagen nicht hätten fällen können. Das Arthur Valley war überschwemmt und sah aus wie ein großer schiffbarer Strom. Die Meeresbrandung ging berghoch; die See schlug so hohe Wellen, dass wir des

Öfteren Nepea Island nicht sehen konnten. Dass ein derartiger Orkan unseren Feldern und Gärten großen Schaden zufügte, kann man sich vorstellen; Kohl, Rüben und andere Küchengewächse wurden mit der Wurzel ausgerissen. Was in den Gärten stehen blieb, war so schwarz, als ob es verbrannt wäre.

Um drei Uhr nachmittags schlug endlich der Wind nach Süden um und ließ in seiner Heftigkeit nach. Bei Sonnenuntergang war das Wetter geradezu angenehm. Wir konnten es als ein großes Glück ansehen, dass jenes vorhin erwähnte Komplott vor diesem schrecklichen Sturm entdeckt worden war. Seitdem hatten nämlich die Sträflinge rings um unsere Niederlassung die Bäume fällen müssen, damit wir Raum für den Aufbau neuer Gebäude erhielten. Wäre das nicht geschehen, so wären wahrscheinlich unsere Häuser zerschmettert worden; mancher von uns wäre dabei ums Leben gekommen, da wir keinen anderen Zufluchtsort hatten. Zum Glück wurde nur ein einziger Mann verletzt; er wurde von dem Ast eines niederstürzenden Baumes heftig getroffen. Übrigens bemerkte man auf der ganzen Insel keine Spur, dass jemals zuvor ein solcher Orkan getobt hätte. – In den letzten Tagen des Monats hatten wir sehr günstige Witterung.

Am 2. März bei Tagesanbruch kam die »Supply«. Sie brachte außer Sämereien und Vorräten 21 männliche, sechs weibliche Sträflinge und drei Kinder. Am 10. März segelte sie wieder nach Port Jackson ab. Unsere Kolonie bestand nunmehr aus 16 freien Leuten,

50 männlichen, 23 weiblichen Sträflingen und fünf Kindern, zusammen also aus 94 Personen.

Ich habe bisher noch nichts von den Diebereien erwähnt, die trotz aller Wachsamkeit täglich begangen wurden. Wir waren nie imstande, die Täter zu entdecken. Am 23. März wurde endlich ein Dieb ertappt. Ich ließ ihn einsperren und beschloss, ihn zur Bestrafung nach Port Jackson zu schicken, da ich nicht ermächtigt war, strenge körperliche Züchtigung zu verhängen.

Anfang April begann ich mit der Aussaat; ich ließ Weizen aussäen. Diese Jahreszeit war freilich etwas früh, aber ich wollte zu verschiedenen Zeiten des Jahres Versuche machen, um zu sehen, welche die günstigste ist. Schon am 7. Mai bemerkte ich, dass der Weizen, der bis dahin sehr gut aussah, an vielen Stellen, und zwar besonders dort, wo er am dünnsten gesät war, von Mehltau verbrannt zu sein schien. Bei näherer Untersuchung fand ich jedoch heraus, dass er völlig von einer kleinen schwarzen Raupe bedeckt war. Dieses schädliche Ungeziefer hielt sich den ganzen Monat hindurch am Weizen. Wir versuchten mehrere Methoden, es auszurotten; aber alles wollte nichts helfen. Nach kurzer Zeit war das Ungeziefer wieder so zahlreich wie zuvor; täglich breitete es sich mehr aus. Zuerst befiel es die im Arthur Valley angelegten acht Morgen und dehnte sich dann auf die übrigen Äcker aus. Jedes Blatt wurde zerstört. Ich fand, dass das Ungeziefer von einer Art kleiner Motten herrührte, die morgens und abends zahlreich in der Luft umherschwärmten. Die Anzahl dieser Raupen auf dem Weizen war schier unglaublich; auch in den Gärten lagen sie so hoch, dass wir sie in Haufen zusammenkehren konnten. Selbst der nahe Bach war ganz von ihnen bedeckt. Der gesamte Weizen der acht Morgen im Arthur Valley, der, als das Ungeziefer aufkam, einen Fuß hoch gestanden hatte, war am 28. Mai bis auf den Boden abgefressen; drei Morgen wuchsen überhaupt nicht wieder nach. Endlich, am 29. Mai, nachdem sie alle unsere Gärten und Felder heimgesucht hatten, verschwanden die Raupen. Soweit die Anlagen nicht gänzlich von dem Ungeziefer vernichtet waren, erholten sie sich bald, der Weizen gewann schnell wieder ein gutes Aussehen.

Am 13. Juni kam die »Supply« abermals und brachte den Leutnant der Seetruppen, John Cresswell, mit 14 Seesoldaten. Dieser Offizier sollte unter meinem Befehl stehen und, falls ich sterben oder abwesend sein sollte, die Leitung der Kolonie übernehmen. Wegen der starken Brandung konnten die Lebensmittel und andere Vorräte, die wir mit der »Supply« erhielten, erst am 17., 18. und 21. Juni ausgeladen werden.

Ich ließ jetzt ein zweites Boot bauen, das uns bisher sehr gefehlt hatte; am 1. Juli war es schon fertig gestellt. Im August fiel nichts Merkwürdiges vor. Im September waren uns die Raupen wieder sehr lästig. Die meisten Gärten wurden von ihnen wieder verwüstet. Mein Garten litt weniger. Das schrieb ich dem Umstand zu, dass er von vielen Grundstücken umgeben ist. Die schädliche Wirkung des Ungeziefers wird wahrscheinlich also vermindert werden, wenn die Ansiedlung erst größere Ausdehnung annimmt.

Am 3. Dezember besuchte uns die »Supply« wieder und brachte vom Gouverneur Phillip den Befehl mit, dass die Nahrungsportionen um ein Drittel vermindert werden sollten, was die Ansiedlung in Sydney sich schon den November hindurch hatte gefallen lassen müssen.

Wir beschäftigten uns nun eifrig damit, den Weizen zu ernten und einzubringen, womit wir am 24. Dezember fertig wurden.

Im Januar 1790 war das Wetter sehr veränderlich, häufig wehte starker Wind aus Südosten. In diesem Monat wurde das Land für die nächste Aussaat bearbeitet und das geerntete Getreide gedroschen. Am 29. bei Tagesanbruch erblickten wir ein Schiff und freuten uns, da wir fest glaubten, es könnte nicht die »Supply« sein, die uns ja erst vor kurzem verlassen hatte, sondern es wären Schiffe aus England gekommen, von denen uns eins aufsuchte. Aber bald entdeckten wir, dass es doch die »Supply« war. Gouverneur Phillip schickte uns 21 männliche Sträflinge und einen weiblichen Sträfling, und zwar ohne alle Lebensmittel, da in Sydney selbst bei herabgesetzten Rationen die Nahrungsmittel nur noch bis Ende Mai reichten. Der Gouverneur glaubte, dass wir noch eine Anzahl Sträflinge ernähren könnten, da wir eine gute Ernte gehabt und auch an Fischen

Deportierte beim Urbarmachen des Urwaldes in Tasmanien (nach Rienzi)

und Gartengewächsen mehr zur Verfügung hatten als die Niederlassung in Sydney.

Unsere Kolonie bestand nunmehr aus 32 freien Leuten, ferner aus 79 männlichen, 33 weiblichen Sträflingen und fünf Kindern, zusammen aus 149 Personen.

Die wenigen von unseren Sträflingen, die fleißig gewesen waren, sahen sich jetzt für ihren Fleiß belohnt, denn sie hatten zum Teil 1000 bis 1700 Ähren Mais geerntet, die ihnen – außer den Fischen, die von Zeit zu Zeit gefangen wurden – bei der jetzigen Verringerung der Portionen sehr zustatten kamen.

Am 13. März bei Tagesanbruch hörte ich Hurrarufe und andere Freudenschreie. Ich erfuhr, dass man auf der offenen See zwei Schiffe bemerkt hätte. Jedermann war fest überzeugt, dass die so lange herbeigesehnte Hilfe angekommen wäre; wir freuten uns, dass wir endlich wieder einmal etwas aus England erfahren sollten. Die Schiffe waren die »Sirius« und die »Supply«, und in unseren Hoffnungen sahen wir uns aufs Ärgste getäuscht. Wir erfuhren nämlich, dass man bis jetzt weder Unterstützungen noch Nachrichten aus England erhalten hatte.

Captain Hunter selbst hat erzählt, wie die »Sirius« am 19. März scheiterte; ich brauche also von diesem Unglück hier nichts weiter zu berichten.

Einige Tage später, am 24. März, begab ich mich gemäß dem Befehl des Gouverneurs Phillip an Bord der »Supply«, um nach Port Jackson zurückzukehren, nachdem ich das Kommando der Insel an den Vizegouverneur, Mister Ross, abgetreten hatte. Da ich Norfolk Island nunmehr verlasse, will ich noch einige Bemerkungen über die Erfahrungen mit den Sträflingen hinzufügen.

Die wenigen Sträflinge, die bei meiner Ankunft auf Norfolk Island mit mir ans Land stiegen, betrugen sich im Allgemeinen gut. Als aber ihre Anzahl größer wurde, erneuerten sich ihre schlechten Streiche. Sehr schlaue und dreiste Diebstähle wurden täglich verübt; nur selten konnte man den Täter ausfindig machen. Lediglich die Aussicht auf eine sehr strenge Bestrafung und die überraschenden Durchsuchungen, die oftmals auch zur Nachtzeit in ihren Hütten vorgenommen wurden, schreckten einigermaßen ab. Einige Sträflinge waren einfach unverbesserlich; man konnte alles tun, sie aufzumuntern, konnte ihnen Vergünstigungen, die oft mehr als hinlänglich waren, zuteil werden lassen, konnte ihnen klarmachen, dass jeder seiner Aufführung gemäß behandelt würde – nichts nützte. Nur einige wenige zeichneten sich durch Fleiß und gutes Betragen aus und erwarben sich Vorräte an Mais, Kartoffeln und anderen Früchten, die ihnen viel Erleichterung brachten, als die Lebensmittel sparsamer ausgeteilt werden mussten. Einige hatten zwei bis drei Morgen Land urbar gemacht, um Mais und Kartoffeln anzubauen. Aber diese strebsamen Sträflinge waren bei weitem weniger zahlreich als die erbärmlichen Müßiggänger.

Anfangs wurden die Sträflinge auf der Insel als Tagelöhner beschäftigt. Das ging auch recht gut, solange sie in ihrer Arbeit fortgesetzt überwacht werden konnten. Als aber ihre Anzahl größer wurde, hatte ich nicht genug zuverlässige Leute, die darauf geachtet hätten, dass die Arbeit nicht vernachlässigt wurde. Ich hielt es deshalb für besser, den Sträflingen ein Tagewerk vorzuschreiben.

Da die »Sirius« und die »Supply« einen erheblichen Zuwachs für die Niederlassung auf der Insel gebracht hatten, war die Anzahl der Einwohner, die ich am 24. März zurückließ, folgende:

Zivil- und Militärbeamte und sonstige freie Leute	90
Mannschaft der gescheiterten »Sirius«, soweit sie auf der Insel zurückgelassen werden musste	80
Männliche Sträflinge	191
Weibliche Sträflinge	100
Kinder	37
Insgesamt	498

Am 4. April kam ich in Sydney an. Schon am 17. April begaben sich Lieutenant Ball und ich an Bord der »Supply« nach Batavia. Er, um dort Lebensmittel für Sydney zu besorgen, ich, um von dort aus mit Berichten an die englische Regierung nach England weiterzureisen.

Am 6. Juli gingen wir auf der Reede von Batavia vor Anker. Während meines Aufenthalts in Batavia wohnte ich dem Haus, das zu Cooks Zeiten der Generalstatthalter bewohnte. Es ist ein großes, geräumiges Gebäude, das zur Hälfte für Fremde, zur anderen Hälfte für Holländer eingerichtet ist. Jeder Fremde muss diesen Gasthof beziehen. Man bezahlt für die Wohnung und gute Beköstigung täglich drei Taler.

Am 4. August segelte ich an Bord des Paketbootes »Quickness« nach Europa ab. Meine Kajüte teilte ich mit Mister Andreas Millar, dem ehemaligen Proviantkommissar für Port Jackson. Nicht fünf Tage waren wir auf See, als bereits sechs Mann am Faulfieber erkrankten. Bald wurden auch der Kapitän, die beiden Bootsleute und alle Matrosen – nur vier ausgenommen! – von der Krankheit befallen. Unglücklicherweise wurde auch der Schiffsarzt, der allerdings nicht viel verstand, so krank, dass er sich selbst nicht helfen konnte. Mit Genehmigung des Kapitäns sprach ich deshalb mit den vier gesund gebliebenen Leuten, stellte ihnen vor, wie leicht sie angesteckt werden könnten, wenn sie unter das Verdeck gingen, und versprach ihnen, dass ich selbst mich nur im Notfall und mit äußerster Vorsicht hinabbegeben würde. Ich machte ihnen auch klar, dass die Erhaltung unseres Lebens und des Schiffes und die Genesung der Kranken davon abhingen, dass sie meinen Vorschriften folgten. Sie versprachen mir unbedingten Gehorsam, und so hoffte ich, mit Gottes Hilfe einen Hafen zu finden. Auf dem Hinterteil des Verdecks ließ ich für uns ein Zelt errichten. Drei Kranke starben bald am Faulfieber. Ich ließ sie in ihre Hängematten wickeln und mit ihren Kleidern über Bord werfen. Die Matrosen, die das ausführten, mussten sich Tabak in ihre Nasen stopfen und stark mit Weinessig waschen. Der Kapitän und die meisten übrigen Kranken fingen an, irre zu reden. Auch mein Freund Millar war krank geworden und starb nach 14 Tagen. Den Obersteuermann hatte ich bewogen, unter das Zelt heraufzukommen; durch Portwein wurde er auch so weit wiederhergestellt, dass er eine Tagewache abhalten konnte. Es kostete mich viele Mühe, ihn dahin zu bringen, dass ich unser Schiff nach Isle de France (Mauritius) steuern durfte; es war unbegreiflich, dass er sich in unserer Notlage einen Augenblick bedenken konnte. Am 29. März erreichten wir, begünstigt durch guten Wind und günstiges Wetter, Isle de France. Noch neun Mann waren gestorben, darunter der Kapitän, der gerade verschied, als wir ihn an Land bringen wollten.

Nachdem unser Paketboot gereinigt und mit neuem Schiffsvolk aller Nationen bemannt worden war, gingen wir am 21. September unter Segel. Von den 26 ursprünglichen Matrosen des Schiffes waren nur vier an Bord; die Übrigen waren entweder gestorben oder lagen hoffnungslos im Spital. Am 9. Oktober kamen wir am Vorgebirge der Guten Hoffnung an; elf Tage später segelten wir von dort nach Europa ab. Am 20. Dezember 1790 stieg ich in England an Land, nachdem ich drei Jahre und sieben Monate auf Reisen zugebracht hatte.

Bericht

des

Captain John Hunter

über das
Scheitern der »Sirius« und
über die Hungersnot auf
Norfolk Island

Im Februar 1790 wurde die Lage in Port Jackson ernsthaft. Unsere Hoffnungen, dass Schiffe aus England kommen sollten, blieben vergeblich. Wir hatten nur noch bis zum Juni Vorräte, und zwar bei herabgesetzten Rationen. Der Gouverneur Phillip entschloss sich deshalb, eine größere Anzahl Seesoldaten und Sträflinge unter dem Kommando des Vizegouverneurs, Major Ross, nach Norfolk Island zu schicken. Er wusste nämlich, dass es dort mehrere Hilfsquellen gab, die Port Jackson und das Land ringsumher nicht hatten. Ich erhielt am 26. Februar den Befehl, die »Sirius« zur Fahrt in Bereitschaft zu setzen und außer dem Vizegouverneur eine Kompanie Seesoldaten mit ihren Offizieren und 186 Sträflinge – zusammen 221 Personen – an Bord zu nehmen und nach Norfolk Island zu bringen. Lebensmittel und andere Vorräte konnten nur so viel mitgegeben werden, als die Kolonie Port Jackson entbehren konnte. Die »Supply«, die Lieutenant Ball unter meinem Kommando führte, nahm ebenfalls eine Kompanie Seesoldaten und 20 Sträflinge an Bord.

Am 6. März segelten wir von Port Jackson ab. Schon am 13. morgens um zwei Uhr erblickten wir Norfolk Island. Da wir bei dem gerade wehenden Südwestwind, der eine hohe Brandung verursachte, in der Sydney Bay, dem Sitz der Niederlassung, nicht landen konnten, fuhr ich zur nördlichen Seite der Insel in die Kaskaden Bay. Hier landete ich nachmittags an einem Felsen alle Seesoldaten und eine Anzahl Sträflinge. Während der Nacht wurde das Schiff nach Osten abgetrieben; erst am 15. März konnte ich die übrigen Sträflinge landen. Kaum waren die letzten Leute ans Land gebracht, als starker Ostwind und dichter Nebel einsetzten, wir von der Insel weggetrieben wurden und keine Möglichkeit fanden, die Lebensmittel ans Ufer zu bringen. Ich wusste, wie erschöpft die Vorräte auf der Insel waren, wusste aber auch, welche Schwierigkeiten Lieutenant Ball bei seinen verschiedenen Reisen zur Insel gehabt hatte. Er hatte wegen der hohen Brandung oft lange kreuzen müssen, ehe er an das Ufer kommen konnte. Die Erinnerung hieran erregte bei mir große Besorgnis. Bald zeigte es sich, dass sie nicht unbegründet war.

Am 19. März trieb mich ein Wind aus Südost wieder zur Insel. Ich lief in die Sydney Bay ein und hatte hier ungeachtet der erdenklichsten Bemühungen das Unglück, an einem Riff zu scheitern. Alle Menschen wurden mittels eines Seiles durch die Brandung glücklich ans Ufer gebracht. Als das Wetter ruhiger geworden war, begaben sich einige sicher schwimmende Matrosen zu dem Schiff und versuchten, etwas von den Vorräten an Land zu schaffen. Erst am fünften Tage landeten sie eine Kleinigkeit. Wir waren nun 506 Menschen auf der kleinen Insel und mussten uns mit halben Portionen begnügen. Doch auch diese Beschränkung konnten wir nicht lange durchführen, wenn wir die übrigen Vorräte auf der »Sirius« nicht retteten. Der Himmel war gütig gegen uns; wir bekamen einige Tage hindurch schönes Wetter, die Brandung ging nicht mehr so hoch wie sonst. Jeden Tag brachten wir nun 20 bis 30 Fässer mit Lebensmitteln und sonstigen Vorräten ans Land. Was vom Wasser getragen wurde, wurde in die See geworfen, um von der Brandung ans Ufer getrieben zu werden. Am Strand standen die Seesoldaten, um Diebereien der Sträflinge zu verhindern, was ziemlich, wenn auch nicht ganz gelang. Im Ganzen retteten wir mehr, als wir erwartet hatten, wenn auch die Matrosen manches über Bord warfen, was zum Schwimmen zu schwer war und deshalb verloren ging.

Einige Tage nach dem unglücklichen Verlust der »Sirius« wurde durch den Vizegouverneur das Kriegsgesetz auf der Insel eingeführt, um die Sträflinge vor Vergehen abzuschrecken. Da es zu lange aufgehalten hätte, jeden Einzelnen schwören zu lassen, ließen wir alle unter der königlichen Flagge durchgehen, nachdem bekannt gemacht worden war, dass diese Zeremonie als Zustimmung zu dem Gesetz angesehen würde. Ich glaube, dass durch diese Verfügung viel Unheil verhütet wurde. Bisher musste jeder, der ein Verbrechen begangen hatte, mit allen nötigen Beweisen nach Port Jackson geschickt und dort abgeurteilt werden. Jetzt hingegen erhielt die Furcht, dass Aburteilung und Strafe unmittelbar dem Vergehen auf dem Fuß folgten, jedermann so ziemlich in Ordnung. Solange das

Kriegsgesetz bestehen blieb, brauchten wir es nur einmal auszuüben.

Die »Supply« war schon fünf Tage nach dem Scheitern der »Sirius« am 24. März von der Insel abgesegelt. Sie hatte deshalb dem Gouverneur keine Nachricht mitbringen können, ob wir etwas von dem Wrack hatten retten können. Es blieb uns also ein Schimmer von Hoffnung übrig, die »Supply« würde in fünf bis sechs Wochen mit der angenehmen Nachricht zurückkommen, dass Vorräte aus England angelangt wären. Als aber diese Zeit verstrichen und unsere begierige Ausschau auf das Meer vergeblich gewesen war, fing unsere Lage an, sehr beunruhigend zu werden. Wir waren nun überzeugt, dass der Gouverneur die erwartete Hilfe aus England nicht erhalten hatte und wir auf Lebensmittel aus Port Jackson nicht rechnen durften. In dieser traurigen Lage wurde am 15. Mai beschlossen, die Portionen herabzusetzen. Jede erwachsene Person erhielt von jetzt an wöchentlich nur drei Pfund Mehl, eineinhalb Pfund Rindfleisch und ein Pfund Reis. Kinder im Alter von einem Jahr und darüber bekamen die Hälfte, Kinder unter zwölf Monaten nur eineinhalb Pfund Mehl und ein Pfund Reis. Außerdem wurde bekannt gegeben, dass künftig alle Vergehen, die nicht schon als kriminell strafbar wären, durch eine weitere Verminderung der wöchentlichen Ration bestraft würden.

Täglich sahen wir nun hinaus auf die See und sprachen über unsere verzweifelte Lage. Wir befanden uns auf einer Insel, die nur fünf englische Meilen lang und drei breit ist, 300 Seemeilen von der Küste New South Wales entfernt, ohne alle Hoffnung, Hilfe zu bekommen, und mit der entmutigenden Aussicht, unsere wöchentlichen Portionen bald noch mehr kürzen zu müssen. Unsere Not wäre noch größer gewesen und viele von den Sträflingen würden ohne Zweifel verhungert sein – sie verzehrten oft das, was für eine ganze Woche ausreichen sollte, als eine Mahlzeit –, hätte uns nicht ein günstiger Umstand in unserem Unglück geholfen. Im April entdeckten wir, dass der Berg Pits während der Nacht ganz von Vögeln wimmelte. Er ist so voll Löcher wie ein Kaninchengarten. In diesen Löchern brüten Wasservögel, die am Tag ihrer Nahrung nachfliegen, bei Einbruch der Dunkelheit aber in großen Scharen über ihren Brutstätten flattern. Unsere Leute, Matrosen, Seesoldaten wie auch Sträflinge, wurden zum Vogelfang ausgeschickt. Sie zündeten am Berg Pits kleine Feuer an, durch welche die Vögel derart erschreckt wurden, dass sie sich schnell niederließen und von den Leuten ergriffen und getötet werden konnten. Ohne Federn ist der Vogel ungefähr so groß wie eine Taube. Er legt nur ein Ei, das die Größe eines Enteneies hat. Ende Mai waren die Vögel noch so zahlreich, als wenn sie gar nicht vermindert worden wären; dabei hatten wir schon zwei Monate hindurch jede Nacht nicht weniger als 2 000 bis 3 000 gefangen. Die Vögel haben zwar einen starken Fischgeschmack; bei unserem Appetit aßen wir sie aber dennoch gern; die Eier fanden wir übrigens vortrefflich.

Wir hatten allen Grund, der Vorsehung dankbar zu sein. Aber auch diese Hilfe konnte nicht lange dauern. Mit großer Unruhe dachten wir daran, dass sie aufhören könnte, ehe wir Unterstützung aus Port Jackson erhalten würden. Der Gouverneur Phillip pflegte von Norfolk Island zu sagen, man habe dort an den Fischen eine unerschöpfliche Hilfsquelle. Aber hätte er nur einen Winter auf der Insel zugebracht oder wäre er überhaupt nur einmal dort gewesen, so würde er etwas so Ungewisses wohl schwerlich so hoch angeschlagen haben. Das Wetter war während meiner Anwesenheit auf der Insel (März 1790 bis Februar 1791) beinahe einen ganzen Monat hindurch so stürmisch, dass nur zweimal sich ein Boot für ein paar Stunden auf die See hinauswagen konnte. Allerdings wurden bisweilen wohl hundert Fische von zwei bis vier Pfund gefangen, zu anderen Zeiten aber nur fünf oder sechs Stück. Diese Beihilfe war also sehr unsicher, obendrein auch unbedeutend, da ja 500 Menschen auf der Insel lebten.

Das Wrack der »Sirius« hielt noch bis Ende Mai zusammen. Wenn es das Meer erlaubte, waren Matrosen hinübergeschickt worden, um noch einige Sachen an Land zu bringen. Im Übrigen wurde die Mannschaft der »Sirius« damit beschäftigt, ein Feld urbar zu machen und einen Garten anzulegen; zuweilen ging sie auch dem Fischfang nach.

Am 24. Juli hatten wir noch für zehn bis zwölf Tage Pökelfleisch. Da es noch immer Vögel gab, wenn auch nicht mehr so zahlreich wie im April, Mai und Juni, fand der Vizegouverneur es ratsam, die Ausgabe von Pökelfleisch so lange einzustellen, als wir noch Vögel fangen konnten. Die wöchentliche Portion bestand nunmehr nur noch aus Mehl und Reis. Aus Mangel an Nahrung waren die Leute allmählich so entkräftet, dass man große Arbeitsleistungen von ihnen nicht erwarten konnte.

Am 4. August erblickte ein Matrose auf der See ein Segel. Ohne sich nur einen Augenblick Zeit zu nehmen, es genauer zu betrachten, lief er so eilig wie möglich zur Niederlassung und rief: »Ein Schiff! Ein Schiff!« Diese Nachricht hatte sich in wenigen Minuten durch die ganze Niederlassung verbreitet. Männer, Frauen und Kinder eilten erwartungsvoll an den Strand. Ich nahm ein Fernglas und sah, dass das Schiff die englische Flagge führte und nicht mehr als sechs bis sieben Meilen von der Insel entfernt war. Da der Wind gerade stark aus Südwesten wehte und das Schiff folglich nicht in die Sydney Bay einlaufen konnte, sondern, wie es schien, unter dem Wind ein Boot landen wollte, ging ich quer über die Insel dem Boot, so glaubte ich, entgegen. Unmöglich kann ich beschreiben, was ich empfand, als ich an den Strand kam und das Schiff von der Insel wegfahren sah! Ich tat alles, was ich nur konnte, um mich bemerkbar zu machen. Man achtete aber nicht auf mich. Die Wirkung dieser Enttäuschung lässt sich leicht denken. Jedermann war der Meinung, es würde weit besser gewesen sein, wenn wir das Schiff gar nicht gesehen hätten. Offenbar fehlte es aber dem Kapitän des Schiffes sehr an Menschlichkeit; wenn er auch nichts für uns an Bord hatte, so konnte er uns doch einigen Trost geben und uns Hoffnung machen, dass uns bald geholfen würde. Dadurch hätte er nicht einmal zwei Stunden verloren, uns aber hätte er die Sorgen sehr erleichtert, die wir nun schon fünf Monate lang trugen.

Ich glaubte, dass dieses Schiff aus Port Jackson gekommen sei und vielleicht nach China segele. Es müssten aber dann doch – so schloss ich – noch andere Schiffe in Port Jackson angekommen sein. Vielleicht würden wir also bald Hilfe erhalten. In dieser Hoffnung sahen wir nun fleißig auf die See hinaus. Zu unserer größten Freude wurde schon am 7. August ein Schiff am Horizont entdeckt; gegen Abend zeigte sich noch ein anderes. Da die Brandung gerade nicht hoch ging, sandten wir sofort ein Boot ab. Es stellte sich heraus, dass zwei Schiffe (»Justinian« und »Surprice«) aus Port Jackson waren, die uns Lebensmittel und 200 Sträflinge brachten. Der Obersteuermann sagte uns auch, dass fünf Schiffe mit Lebensmitteln und 980 Sträflingen schon vor etwa zwei Monaten in Port Jackson angekommen seien. Ehe man uns von dort Hilfe brachte, war also eine verhältnismäßig lange Zeit vergangen; als der Gouverneur die letzte Nachricht von uns erhalten hatte, hatten wir uns obendrein in einer sehr beunruhigenden Lage befunden. – Am 30. August traten die beiden Schiffe ihre Reise nach China an.

Die Hilfe war noch zur rechten Zeit gekommen. Die Vögel auf dem Berg Pits, von denen wir bisher größtenteils oder fast ganz allein gelebt hatten, waren allmählich sehr selten geworden. In den Nächten wurden jetzt nur noch sechs bis acht Vögel gefangen, bisweilen auch gar keiner. An Fischen fehlte es so sehr, dass die beiden Schiffe, während sie an der Insel kreuzten und die Vorräte landeten, auch nicht einen einzigen fingen. Wäre die Hilfe für uns nur sechs Wochen länger ausgeblieben, wären wir einem unglücklichen Schicksal entgegengegangen. Doch nun verschwand die Traurigkeit, die vorher in jedem bleichen, kranken Gesicht gelegen hatte; an ihrer statt kehrten Heiterkeit und Freude zurück.

Im Januar 1791 war es unmöglich, aus dem Wrack der »Sirius« noch etwas von den Vorräten zu holen. Ich versuchte nunmehr, die Kanonen an Land zu bringen, und das gelang vollständig. Gerade als wir diese Arbeit beendigt hatten, entdeckten wir am Horizont ein Segel. Es war die »Supply«. Der Gouverneur hatte dieses Schiff kurz nach seiner Rückkehr von Norfolk Island nach Batavia geschickt. Dort mietete auf seinen Befehl der Lieutenant Ball ein Schiff und belud es mit Lebensmitteln und anderen Vorräten, die er bekommen konnte: Rind- und Schweinefleisch, Mehl, Reis und verschiedene Sachen für die Hospitale. Die »Supply« verlor in Batavia infolge sehr ungesunder Witterung viele Leute durch Fieber. Als sie nach Port Jackson zurückkam, erhielt sie Befehl, einige Vorräte nach Norfolk Island zu schaffen und von dort die Mannschaft der »Sirius« nach Port Jackson zurückzubringen. Diese Nachricht erfreute mich außerordentlich: Wir hatten nun elf Monate auf dieser Insel zugebracht, und zwar mit Gefühlen, die ich gar nicht beschreiben kann. Am 11. Februar 1791 schiffte ich mich mit den Offizieren und der Mannschaft an Bord der »Supply« ein. Das Wetter war gut. Schon am 27. Februar kamen wir in Port Jackson an, wo wir von allen unseren Freunden gütig und gastfrei aufgenommen wurden.

Anhang

von

Rudolf Plischke

Geschehnisse während der weiteren Regierung Arthur Phillips

Im Februar 1789 bezogen die Truppen endlich die Kasernen. Bald darauf entdeckte man eine für die ganze Niederlassung nicht ungefährliche Beraubung des Vorratshauses. Sieben Soldaten hatten acht Monate lang nachts, wenn einer von ihnen Schildwache stand, allerhand Lebensmittel weggeschleppt. Sie wurden zum Tode verurteilt und hingerichtet.

Um dieselbe Zeit wurde auf Norfolk Island der Plan einer Meuterei der Sträflinge aufgedeckt. Nach und nach waren auf die Insel 62 Personen gebracht worden. Sie hatten unter sich ausgemacht, dass, sobald ein Schiff von Port Jackson in Sicht kommen würde, Leutnant King und die Wachmannschaften überfallen und anschließend das ankommende Schiff in Besitz genommen werden sollte. Die Aufrührer wollten nach Otaheita (Tahiti) segeln und dort eine Kolonie gründen. Der ganze Plan wurde aber verraten. (Siehe Seite 132).

Die Zweigniederlassung Rose Hill, die später Paramatta genannt wurde, gedieh inzwischen vortrefflich.

Unter den Eingeborenen waren zu Anfang des Jahres 1789 die Pocken ausgebrochen und wüteten furchtbar. Besonders an der Küste wurden eine Menge Leichen, einzeln umherliegend, gefunden. Die Kolonisten blieben aber von der Krankheit verschont.

Am 6. Mai kam Captain Hunter mit der »Sirius« vom Kap der Guten Hoffnung mit Lebensmitteln zurück. Die Nachrichten, die die »Sirius« mitbrachte, waren die ersten, die die Ansiedler seit zwei Jahren erhielten. Die mitgebrachten Vorräte – 127 000 Pfund Mehl – waren aber recht gering und reichten nur für vier Monate.

Im Juni unternahm der Gouverneur wieder eine Reise in das Innere des Landes. Die wichtigste Entdeckung und Erforschung war die des Flusses, der sich in die Broken Bay ergießt. Er erhielt den Namen Hawkesbury, zu Ehren eines damaligen englischen Staatsmannes.

In der Niederlassung häuften sich Diebereien, Plünderungen von Gärten und Feldern und Ähnliches allmählich immer mehr. Da wegen der weiten und zerstreuten Ausdehnung der Niederlassung die Täter nur selten gefasst werden konnten, stellten die Sträflinge aus ihrer eigenen Mitte – es soll sich um die »Zuverlässigsten und weniger Verdorbenen« gehandelt haben – eine Art Nachtwache.

Im November erfolgte die erste Landverleihung an einen Sträfling, einen gewissen James Rose, dessen Strafzeit abgelaufen war; er erhielt in der Nähe von Paramatta eine Hütte mit zwei Acker Land und den notwendigen Ackergerätschaften zugewiesen.

Die Ernährungsverhältnisse wurden immer schlimmer. Die Butter ging zuerst aus, das war im September 1789. In England schien man die Kolonie vergessen zu haben. In den Magazinen und auf den Feldern richteten Ratten und Mäuse großen Schaden an. Deshalb wurde gegen Ende des Jahres 1789 die Tagesration auf zwei Drittel herabgesetzt; nur die Frauen und Kinder erhielten die volle Ration. Im Dezember fand die erste Ernte in Paramatta statt. Dem Mangel wurde dadurch aber nicht abgeholfen, denn die geernteten Körner wurden für die neue Aussaat bestimmt.

So begann das Jahr 1790 unter den schlimmsten Verhältnissen. Die Rationen wurden wieder gekürzt und immer kärglicher. Die verzweifelte Stimmung stieg aufs Höchste, als die »Sirius« am 19. März bei Norfolk Island scheiterte; damit war das Schiff verloren, das für die Herbeischaffung von Lebensmitteln vom Kap oder aus anderen Gegenden in der Hauptsache in Betracht kam. Die Sträflinge schlichen vor Hunger und Entbehrung wie Gespenster umher; man ließ sie nur noch an den Vormittagen arbeiten, da sie kaum noch als arbeitsfähig zu bezeichnen waren. Um Unruhen vorzubeugen, hielt es der Gouverneur für ratsam, das Standrecht in New South Wales zu verhängen, ein Kriegsgericht einzusetzen und die Vorratsräume unter sichere Aufsicht zu nehmen. Trotz alledem nahmen Räubereien und Plünderungen überhand; auch der Garten des Gouverneurs blieb nicht verschont; Hinrichtungen und die härtesten Leibesstrafen schreckten nicht mehr ab. Der Oberrichter Collins weiß von einem Dieb zu berichten, der zu 500 Peitschenhieben verurteilt worden war und gerade einen Teil dieser

Strafe erhalten hatte, als er sich im Hospital aus seinen Fesseln frei zu machen verstand, in einen benachbarten Garten einbrach und dort noch blutend von der eben erlittenen Prügelstrafe ergriffen wurde.

Schließlich, am 17. April, segelte die kleine »Supply« nach Batavia ab, um Lebensmittel herbeizuholen. Da sie aber vor sechs Monaten nicht zurückerwartet werden konnte, war auf eine Linderung der Not fürs Nächste nicht zu rechnen.

Endlich, nach langem Warten, lief am 3. Juni 1790 ein Schiff in den Hafen ein. Voll Freude und Zuversicht, dass die Leidenszeit vorüber sei, sah man ihm entgegen. Doch die Freude wurde halb getrübt. Es war die »Lady Juliana«, und ihre Ladung waren 222 weibliche Sträflinge. Was sie an Lebensmitteln mitbrachte, bewirkte nur eine ganz geringe Erhöhung der Rationen. Im Juli 1789 war die »Lady Juliana« von England abgefahren. Erst zwei Monate später folgte ihr die »Guardian«, die in der Hauptsache Lebensmittel geladen hatte. Sie stieß in der Nähe des Kaps mit einem Eisberg zusammen, warf den größten Teil ihrer Ladung über Bord und konnte noch in die Tafelbucht gelangen.

Ende Juni kam dann endlich mit reichen Vorräten die »Justinian«; sie hatte zur Fahrt von England bis New South Wales nur fünf Monate gebraucht. Die Not hatte für diesmal ein Ende.

Bald trafen nun auch weitere Transporte von Sträflingen ein. Zum Teil war die Unterbringung und Verpflegung auf den Schiffen derart schlecht, dass von 1038 Sträflingen während der Fahrt 237 starben und 486 so krank in Sydney ankamen, dass manche noch während der Ausschiffung starben.

Mit den Schiffen traf auch das besonders für den Dienst in der Kolonie geschaffene Regiment »New South Wales« ein.

Außerdem waren königliche Verordnungen eingegangen, die den weiteren Anbau und die Erweiterung der Kolonie betrafen und die Landverleihungen an die Offiziere und Soldaten regelten. Jeder entlassene Sträfling, der sich in der Kolonie niederlassen wollte, sollte 30 oder, wenn er verheiratet war, 50 und für jedes Kind weitere zehn Acker Land erhalten. Außerdem wurden Hütte, Ackergerät, Saat und freie Verpflegung auf ein Jahr, später auf 18 Monate gewährt. Bei unregelmäßiger, schlechter Bewirtschaftung wurde das Land für verfallen erklärt. Wer sich nicht ansiedeln wollte, konnte irgendeiner Beschäftigung nachgehen; er musste sich aber wöchentlich über sein Tun und Treiben ausweisen.

Im November 1789 waren endlich zwei Eingeborene, allerdings mit Gewalt, in die Niederlassung gebracht worden und wurden dort festgehalten. Sie hießen Koalbey und Bänälang. Man hielt sie anfangs wie Hunde an der Leine: Jeder bekam um einen Fuß einen eisernen Ring mit einem Strick, den der Wächter nicht aus der Hand geben sollte. Sie schienen sich beide zufrieden und wohl zu fühlen. Eines Abends

Australische Ureinwohner (nach Dumont d'Arville)

aber, als es schon ziemlich finster war, saß Koalbey vor der Tür, während sein Wächter, mit dem Strick in der Hand, in der Hütte sein Abendbrot verzehrte. Es gelang Koalbey, seinen Fuß aus dem Ring zu befreien, über den Zaun zu springen und im Wald zu verschwinden. Alles Suchen nach ihm war vergeblich. Bänälang aber schien völlig mit seinem Schicksal zufrieden; er war heiter und guter Dinge, sodass man glaubte, er würde die Niederlassung nicht wieder verlassen, und man ihm im April 1790 seinen Fußring abnahm. Nach einigen Tagen aber machte auch er sich eines Abends in aller Stille davon. Die Kleidung, die man ihm angezogen hatte, hatte er zurückgelassen. Für diese »Wohltat« eines zivilisierten Bedürfnisses schien er kein Verständnis zu besitzen.

Anläßlich einer Reise in das Innere des Landes im August 1790 traf der Gouverneur wieder mit Bänälang und Koalbey zusammen. Bänälang, der sich in seinem Äußeren sehr zu seinem Nachteil verändert hatte, denn er sah mager, elend und abgezehrt aus, schien sich sehr über dieses Wiedersehen zu freuen. Beide erhielten Geschenke und besuchten später oft die Niederlassung, nachdem ihnen versprochen worden war, dass sie nicht wieder festgehalten würden. Bei dem Wiedersehen wurde übrigens der Gouverneur Phillip von einem Eingeborenen verwundet. Er berichtet in seinem Tagebuch hierüber Folgendes: »Als der Gouverneur auf den Mann zuging, nahm dieser den Speer auf und legte ihn an einen Wurfstock, als wenn er sich zur

Verteidigung in Bereitschaft setzte. Da sich aber nicht vermuten ließ, dass er den Speer ohne alle Herausforderung werfen würde, gab der Gouverneur ihm durch Zeichen zu verstehen, er möchte den Speer niederlegen, ging weiter auf ihn zu und sagte zugleich einige Male: Ware, Ware! Womit die Eingeborenen ausdrücken, dass ihnen etwas missfällt. Aber dessen ungeachtet trat der Mann mit dem rechten Fuß zurück und warf den Speer mit solcher Heftigkeit gegen den Gouverneur, dass er dicht neben dessen Schlüsselbein hineinfuhr und die mit einem Widerhaken versehene Spitze dicht neben dem dritten Wirbelbein des Rückgrates wieder herauskam. Der Eingeborene lief sofort davon, und alle Übrigen, auch Bänälang und Koalbey, folgten ihm.« Bei einem Versuch, den Speer aus der Wunde zu ziehen, zerbrach er. Erst nach der Rückkehr in die Niederlassung zog der Wundarzt die Spitze des Speeres heraus; in sechs Wochen war der Gouverneur wieder völlig hergestellt.

In der Nacht zum 26. September bemächtigten sich fünf Sträflinge eines Fischerbootes und entkamen damit. Der Anführer – der ehemalige Matrose Bryant – hatte sogar seine Frau und seine zwei kleinen Kinder mitgenommen. Nach einer Fahrt von zwei Monaten um die nördliche Küste von Australien erreichten sie Kupang auf der Insel Timor, gaben sich als Schiffbrüchige aus und wurden von den Holländern freundschaftlich aufgenommen. Bei der Anwesenheit eines englischen Schiffes wurden sie aber bald entdeckt, wieder festgenommen und nach England gebracht.

Im Oktober kam auch die »Supply« von Batavia mit Vorräten zurück. So ging das Jahr 1790, das so übel begonnen hatte, noch leidlich zu Ende.

Die erste Hälfte des nächsten Jahres verlief ohne besondere Ereignisse. Bis zum August liefen verschiedene Transportschiffe ein, die annähernd 800 Sträflinge und einige Verstärkungen des neuen Regiments brachten. Offiziere und Soldaten, Matrosen der Transportschiffe, Beamte und Aufseher gaben der Niederlassung ein buntes und lebhaftes Bild. Am 21. September traf das Kriegsschiff »Gorgo« mit einigen Transportschiffen ein, die wiederum über 300 Sträflinge brachten. Die Lebensmittelvorräte, die die Transportschiffe geladen hatten, waren in der Regel so bemessen, dass sie für die Sträflinge des jeweiligen Schiffes nur für einige Monate reichten. Die »Gorgo« hatte vom Kap drei Bullen, 26 Kühe, 68 Schafe und elf Schweine mitgenommen. Sieben Kühe und drei Bullen waren unterwegs gestorben.

Die »Gorgo« brachte für den Gouverneur auch das Begnadigungsrecht. Der Gouverneur erhielt die Befugnis, die Strafe mit oder ohne Bedingungen zu erlassen. Ein Straferlass trat in der Regel nur dann ein, wenn sich der Sträfling bereit erklärte, sich in der Kolonie anzusiedeln.

Am 13. Oktober trafen die beiden letzten Transportschiffe des Jahres ein. In der Kolonie lebten nunmehr einschließlich der Beamten und Soldaten mehr als 4 000 Menschen. Es dauerte auch nicht lange, und man musste wieder dazu übergehen, die Rationen zu kürzen.

Die letzten Verbrechertransporte hatten zum Teil aus irländischen Sträflingen bestanden, die sich besonders auffällig und verwegen aufführten. Sie suchten Stimmung dafür zu machen, im großen Stil aus der Niederlassung auszuwandern. In der Tat schlossen sich auch einige Sträflinge zusammen und begaben sich auf die Flucht. So entwichen am 1. November aus Paramatta 20 Männer und eine Frau. Sie hatten sich mit Lebensmitteln auf acht Tage versehen und Beile und Messer mitgenommen. Ihr Plan war, nach Norden zu ziehen, wo sie ihrer Meinung nach auf eine chinesische Niederlassung stoßen würden. Nach einiger Zeit wurden 13 von den Männern und die Frau im Wald umherirrend aufgefunden, gänzlich abgemagert und elend, nur in einige Fetzen ihrer früheren Kleidung gehüllt. Sie hatten sich nur ganz kümmerlich von Beeren und dergleichen ernähren können.

Da die Nahrungsportionen abermals vermindert werden mussten, standen die Räubereien, die an sich in der Niederlassung allmählich zu den herkömmlichen Ereignissen gehörten, bald wieder in üppiger Blüte. Auch hierbei zeichneten sich die Sträflinge aus den letzten Transporten aus. Vier besonders dreiste und hartnäckige Räuber hielten sich in den Wäldern versteckt. Die Aussetzung einer Belohnung von 50 Pfund Mehl für ihre Ergreifung hatte nur den Erfolg, dass ein Einziger eingefangen wurde. Im Januar 1792 wurde ein Einbruch in die Apotheke des Hospitals in Sydney verübt. Für die gestohlenen Arzneien hatten die Diebe keine Verwendung; man fand sie in der Nähe des Hospitals wieder. Zwei Kisten mit eingekochter Fleischbrühe blieben aber verschwunden.

In Paramatta brach ein gewisser James Collington in das Backhaus ein, aß sich an Zwieback satt und nahm 50 Pfund Mehl mit, die er unter einem Felsen versteckte und aufsuchte, sobald er Bedarf hatte. Dieses Versteck wurde aber von anderen Sträflingen entdeckt und ausgehoben. Darauf stieg Collington nachts in eine Hütte ein und nahm diesmal außer Lebensmitteln auch einen Vorrat an Kleidern mit. Er wurde Anfang Februar zum Tode verurteilt und hielt vor seiner Hinrichtung eine feierliche Ansprache an die versammelten Sträflinge, in der er sie davor warnte, seinem Beispiel nachzuahmen; am Schluss versicherte er aber, dass er selbst das Stehlen nicht lassen könne, auch wenn er begnadigt würde.

Für denselben Monat war auch ein Aufruhr geplant; mehrere Sträflinge, die auf entlegenen Feldern beschäftigt wurden, wollten sich der Gewehre ihrer Aufseher bemächtigen, die Hütten in ihrer Nachbarschaft plündern, an einem verborgenen Teil der Küste ein Schiff bauen und davonsegeln. Der ganze Plan wurde aber rechtzeitig entdeckt.

Der Mangel an Nahrung war inzwischen immer drückender geworden; Todesfälle infolge von Entbehrung wurden immer häufiger. Am 17. Februar lief ein

Schiff mit annähernd 400 Sträflingen und einer Verstärkung der Garnison ein. Die Vorräte, die es mitbrachte, reichten als Verpflegung für die ganze Kolonie nur etwa 40 Tage.

Inzwischen hatten sich auch die ersten Ansiedler aus der freien Bevölkerung ansässig gemacht; zunächst bestanden sie nur aus ausgedienten Offizieren und Soldaten. Im Februar ließen sich in einer nördlichen Bucht von Port Jackson acht ehemalige Soldaten nieder; die neue kleine Ansiedlung erhielt den Namen Marsfield.

In der Nähe des Ufers wurde auch in einer Hütte ein Kaufladen eröffnet und allerhand Ware feilgeboten, die mit dem letzten Schiff angekommen war.

In der Niederlassung wuchsen immer mehr Gebäude empor. Die Häuser für die Sträflinge waren aus Backsteinen errichtet und maßen 26 Fuß in der Breite und 14 Fuß in der Tiefe. Jedes Gebäude war in zwei Räume geteilt und für zehn Personen bestimmt. In Paramatta war man dabei, ebenfalls ein Rathaus und ein Hospital zu errichten. Von Sydney nach Paramatta war übrigens schon vor einiger Zeit eine Straße gebaut worden.

Allmählich hatte nunmehr auch eine Anzahl der Sträflinge, die mit der Gründungsflotte transportiert worden waren, ihre Strafzeit beendet. Einige hatten sich als Ansiedler niedergelassen, andere trugen sich mit dem Gedanken, nach England zurückzukehren, was aber regelmäßig nicht erfolgen konnte, da ihnen die Mittel zur Überfahrt fehlten. Andere wiederum blieben in der Kolonie und arbeiteten entweder für den Staat weiter oder nahmen bei einem Ansiedler Arbeit an.

Im April waren die Rationen abermals verringert worden. Die Sterblichkeit nahm weiter zu. Der Oberrichter Collins berichtet: »So traurig es auch war, diese armen Unglücklichen täglich in die Grube sinken zu sehen, so war es dennoch ein weit herzerschütternderer Anblick, die blassen Gesichter und kraftlosen Gestalten derer zu betrachten, die bald ihren elenden Gefährten nachfolgen mussten. Die größte Sterblichkeit herrschte unter den Gefangenen, die im vorigen Jahr angekommen waren. Von 122 Männern, die aus Irland ankamen, lebten am Anfang Mai nur noch 50. Auch wurden die meisten Diebereien von diesen Letzteren begangen; dabei waren die Elenden größtenteils zu schwach, um die ihren Vergehen angemessenen Strafen auszuhalten. Der Hunger wurde von allen vorgeschützt, aber der Zustand der Kolonie erlaubte nicht, auf dieses Vorgeben Rücksicht zu nehmen.«

Als im Mai die Ernte eingebracht wurde, schätzte man, dass etwa der sechste Teil gestohlen war. Da die Zufuhr aus England ungewiss und unbestimmt war, mussten die Mehlrationen wieder vermindert werden. Auch die Eingeborenen gingen dazu über, die Kornfelder zu plündern. Als sie eines Tages hierbei ertappt wurden und nicht gutwillig das Feld räumen wollten, wurde einer von ihnen verwundet. Als Rache dafür erschlugen sie einen Sträfling, der etwas abseits gearbeitet hatte.

Um frisches Fleisch zu bekommen, wurden alle Leute, die entbehrlich waren, auf die Jagd geschickt; sie erbeuteten in der Hauptsache Kängurus. Auch eine Fischerei wurde eingerichtet, die ihren Ertrag an das Hospital abzuliefern hatte. Eines der Transportschiffe, die »Atlantik«, die im Jahr 1791 eingelaufen und im Oktober nach Bengalen abgesegelt war, um Lebensmittel herbeizuholen, kehrte nach stürmischer Fahrt mit einer Ladung Reis, Mehl und Erbsen und mit einigen Tieren am 20. Juni 1792 zurück. Die Ladung war nicht groß und zum Teil verdorben und ungenießbar.

Da traf endlich am 26. Juli ein Vorratsschiff aus England, die »Britannia«, ein. Mit großem Jubel wurde es empfangen. Es brachte Fleisch für acht Monate, Mehl für vier Monate und außerdem die Nachricht mit, dass ein weiteres Schiff auf dem Wege sei. Die zweite Hungersnot, von der die Ansiedlung heimgesucht wurde, war zu Ende.

Räubereien und Einbrüche aber blieben bestehen, und schon in jener Zeit bildeten sich die Räuberbanden, die später als »Bushrangers« berüchtigt wurden. Die ersten Anzeichen machten sich bemerkbar, dass es mit dem schönen Gedanken, den Sträfling in der Natur, durch den Kampf ums Dasein an frischer Luft zu einem friedlichen, zufriedenen Ackerbürger zu veredeln, nicht so ganz und in jedem Fall seine Richtigkeit haben mochte.

Ende Oktober entschloss sich der Gouverneur Phillip, seiner zerrütteten Gesundheit wegen nach England zurückzukehren; am 11. Dezember verließ er die Kolonie auf der »Atlantik«. Bei seiner Abfahrt waren etwa 1 000 Acker Staatsland und 700 Acker Privateigentum bebaut; den freien Ansiedlern gehörten 67 Personen an. Ein paar Sträflinge, deren Strafzeit abgelaufen war und die sich sehr gut geführt hatten, hatten die Erlaubnis erhalten, auf dem Schiff des Gouverneurs nach England zurückzukehren. Außerdem wurde Phillip von zwei Eingeborenen begleitet, die sich ihm ganz freiwillig angeschlossen hatten. Der eine der beiden war Bänälang. In London wurden beide reichlich bestaunt und vielen hoch gestellten Persönlichkeiten vorgestellt und in die ersten Familien des Landes »eingeführt«. Seine Heimat vergaß aber Bänälang nicht, obwohl er unentwegt beschenkt und mit allen möglichen Kleidern behangen wurde. Als sich ihm im Jahr 1795 Gelegenheit bot, nach New South Wales zurückzukehren, ergriff er sie eifrig und nahm in Sydney bald seine alten Sitten und Gewohnheiten wieder an.

Das weitere Schicksal der Strafkolonie und ihr Ende

Ein Nachfolger für Arthur Phillip war nicht sofort zur Stelle. Die oberste Gewalt ging vielmehr auf den Vizegouverneur, den damaligen Kommandeur des Regiments »New South Wales«, Major Franz Grose, über, der im November 1794 von seinem Nachfolger im Militärkommando, Captain Paterson, abgelöst wurde. In dieser Zeit wurde der Grundstein zu dem immer stärkeren Einfluss der Offiziere des Regiments gelegt, der sich später so verhängnisvoll auswirken sollte. Die frei werdenden Stellen der Zivilbeamten wurden durch Offiziere besetzt. Die Offiziere nahmen größere Ländereien in Besitz, begannen Geschäfte zu treiben und übten auf den Handelsverkehr der Kolonie bald einen entscheidenden Einfluss aus. Die ganze Einfuhr kam nach und nach in ihre Hand und damit auch der Vertrieb des gefragtesten Artikels der Kolonie – des Branntweins.

Verbrechen, Spielsucht, Trinksucht – das war allmählich der Dreiklang der Ansiedlung geworden. Man gab sich selbstverständlich noch eifrig Diebereien und Räubereien hin, aber man leistete sich jetzt auch schon größere Sachen; man betrieb Falschmünzerei, beging Überfälle, bei denen ein Menschenleben nicht viel auf sich hatte, ja, es verging kaum ein Monat, in dem nicht einige Mordfälle zu verbuchen waren, was bei einer

Ansiedlung von 4000 Seelen immerhin schon etwas heißen will. »In diesem Monat wurden wieder die gewöhnlichen Verbrechen begangen, unter anderem zwei Personen ermordet«, so beginnt der Bericht der Oberrichters Collins über Juli 1796. Was die Spielsucht betrifft, so macht Collins anlässlich eines im Januar erfolgten Mordes die folgende Bemerkung: »Wenn man den Veranlassungen dieser Mordtat nachspürte, bot sich vor allem das verderbliche Laster der Spielsucht als die vornehmste Ursache dar. Dieses herrschte unter den Gefangenen in solchem Grade, dass viele, nachdem sie ihre Lebensmittel, ihr Geld und ihre Kleider verspielt hatten, die armseligen Lumpen, die sie auf dem Leib hatten, aufs Spiel setzten und ebenso nackend und bloß als die Eingeborenen und ebenso unbekümmert darüber unter ihren Kameraden standen.«

Nicht weniger ohne Scheu tobte sich die Trunksucht aus. Der Branntwein war allmählich zum Zahl- oder Tauschmittel der Kolonie geworden. Man betrieb noch keine Ausfuhr, es flossen keine Einnahmen, es mangelte also an Geld. Das wenige Geld, was als Gold in Umlauf geriet, führte die Einfuhr jedes Mal bald hinweg. So verfiel man, da der Branntwein den Einwohnern der Niederlassung nun einmal als der kostbarste und schätzenswerteste Gegenstand galt, darauf, ihn als Tauschmittel zu verwenden. Die Offiziere scheuten sich nicht, aus diesem Umstand Kapital zu schlagen, indem sie allen Branntwein, den die Schiffe nach New South Wales brachten, erst durch ihre Hände gehen ließen. Dadurch, dass der Branntwein gleichsam in Umlauf kam, wurde die Neigung zum Trunk nur noch gefördert.

Obendrein war es höchst unerquicklich, dass die zumeist unverheirateten Offiziere weibliche Sträflinge in ihren Dienst nahmen, die sie auch den Branntweinhandel besorgen ließen. Genug – das Regiment »New South Wales« war kein ehrenvoller Bestandteil der Kolonie.

Für die Weiterentwicklung der Kolonie war es von Bedeutung, dass im Jahr 1793 die ersten freien Ansiedler aus England eintrafen. Ihre Zahl blieb für die nächste Zeit gering. Hätte man nicht so günstige Bedingungen geschaffen – freie Überfahrt, kostenlose Überlassung des Landes, der Gerätschaften und der Lebensmittel für die erste Zeit, Überlassung von Sträflingen, ohne für deren Unterhalt verpflichtet zu sein –, hätte sich damals vermutlich überhaupt niemand bereit gefunden, dieses Land als freier Ansiedler zu betreten.

Am 7. September 1795 kam endlich der Nachfolger Phillips in der Kolonie an. Es war John Hunter, der als Kapitän der »Sirius« 1787 der Gründungsflotte angehört und mit den Verhältnissen der Kolonie – er war erst im März 1791 nach England zurückgekehrt – genau bekannt war. Er war vollkommen im Sinne des ersten Gouverneurs tätig.

Die Bevölkerung von New South Wales war inzwischen ganz erheblich angewachsen; sie war im Jahr

1796 auf 3959 gestiegen. Norfolk Island, die in letzter Zeit zur Aufnahme der übelsten Sträflinge diente, beherbergte 889 Personen. Die Stadtbilder der Kolonie waren allmählich vollkommener geworden. In Sydney wurde seit 1793 eine provisorisch errichtete Kirche zur Abhaltung des Gottesdienstes verwendet; drei Jahre später errichtete man sowohl in Sydney wie auch in Paramatta dauerhafte Kirchenbauten. Auch ein Theater wurde in Sydney eröffnet. Sogar eine Druckpresse stand der Kolonie zur Verfügung, wenn sie auch fürs Erste gar nicht, später nur zum Drucken von Verordnungen Verwendung fand.

Außerdem wurde die Errichtung eines Gefängnisses nötig. Als Strafmittel galten in der Kolonie bisher: Todesstrafe durch Erhängen, körperliche Züchtigung bis zu tausend Peitschenhieben und Verschickung nach Norfolk Island. Das Anwachsen der Kolonie machte aber für die öffentliche Sicherheit auch eine Maßregel erforderlich, besonders gefährliche Element sicher verwahren zu können. Die auf eigener Scholle sitzenden Ansiedler hielten die Errichtung des Gefängnisses für so notwendig und dringend, dass sie die Kosten des Baues übernahmen.

In der Verwaltungszeit Hunters wurden weitere Niederlassungen gegründet, so Castlehill, Bankstown und Windsor. Von Bedeutung war eine Entdeckung, die der Arzt George Bass und der Kadett Matthew Flinders im Jahr 1798 im Süden von New South Wales machten. Bass und Flinders waren mit Gouverneur Hunter von

England herübergekommen. Nachdem sie auf eigene Faust auf Entdeckungen ausgegangen waren und die Vermutung mitbrachten, dass Tasmanien nicht mit Australien verbunden sei, wurden sie 1798 von der Regierung mit dem Auftrag ausgesandt, zu untersuchen, ob Tasmanien eine Insel sei oder nicht. Auf Tasmanien landeten sie in einem Hafen, den sie Port Dalrymple nannten, fanden die Bass-Straße und umfuhren die ganze Insel.

Den ungünstigen Einfluss der Offiziere des Regimentes »New South Wales« zu beseitigen, gelang Hunter nicht. Er erkannte wohl die schädlichen Folgen dieses Einflusses und erließ Verordnungen, die ihm aber nur die Gegnerschaft der Offiziere einbrachten. Zum Teil wegen dieser Verhältnisse verließ Hunter die Kolonie im Jahr 1800.

Sein Nachfolger wurde sein Stellvertreter, Captain King, der ehemalige Kommandant von Norfolk Island. Seine Tätigkeit wurde ebenso wie die seines Vorgängers durch die fortgesetzten Reibereien mit den Offizieren gelähmt. Ein englischer Kaufmann, John Turnbell, der Sydney im Jahr 1801 besuchte, berichtet: »Die ganze Zeit über, die ich in der Kolonie war, das ist fünf bis sechs Monate lang, herrschte eine sehr weitgediehene Spannung zwischen dem Gouverneur und den Offizieren, von welchen verschiedene nach England zurückgeschickt wurden, wo ihnen der Prozess gemacht werden sollte.« Als Turnbell zwei Jahre später nochmals in Sydney war, weiß er sogar zu berichten, dass die Offiziere gegen den Gouverneur die übelsten Ränke schmiedeten: Karikaturen und anonyme Schriften, welche sich auf die Person und die Tätigkeit des Gouverneurs bezogen, waren in der Stadt und in der Kolonie verbreitet worden. Unter derart misslichen Verhältnissen litt die Entwicklung der Niederlassung außerordentlich. Die Sträflinge wurden immer unbotmäßiger, zeigten durchaus keine Neigung zur Arbeit, aber umso mehr Vorliebe für den Branntwein. In den Wäldern bildeten sich reguläre Räuberbanden entflohener Sträflinge. Ein damaliger Reisender erklärte: »Sollte jemand es sich einfallen lassen, New South Wales zu besuchen, so mag er ja nie vergessen, dass er sich in einem Land voll Verbrecher befindet.« Besonders taten sich die irländischen Sträflinge darin hervor, Empörung und Aufruhr auszuführen. Im Jahr 1802 wurde von etwa 200 Irländern tatsächlich ein Aufstand unternommen, der aber schnell niedergeworfen wurde.

Das wichtigste Ergebnis während der Amtszeit Kings war die Gründung einer neuen Strafkolonie im Jahr 1804 auf Tasmanien. Schon ein Jahr zuvor hatte King den Lieutenant Boven mit drei Soldaten, zehn männlichen und sechs weiblichen Sträflingen nach Tasmanien geschickt. Boven ließ sich an einem Fluss, der Derwent genannt wurde, nieder. 1804 wurde dort mit zwölf freien Ansiedlern und über 400 Sträflingen eine neue Strafniederlassung errichtet.

Im Jahr 1806 legte King seinen Posten als Gouverneur nieder; an seine Stelle trat Captain Bligh. Bligh, ein Schüler Cooks, hatte sich als unerschrockener Seemann bereits einen Namen gemacht, war aber wegen seiner tyrannischen Strenge und Härte bekannt. Als Kapitän der »Bounty« wurde er im Jahr 1789 in der Südsee von der meuternden Mannschaft in einem offenen, etwa sieben Meter langen Boot mit 18 Gefährten ausgesetzt. Mit einer erstaunlichen Ausdauer und Entschlossenheit brachte er das Boot in 48 Tagen zur holländischen Niederlassung Kupang auf der Insel Timor; er hatte mit dem kleinen Nachen über 900 Meilen durch die gefahrvollsten Meere zurückgelegt.

Nachdem Bligh seine Stellung als Gouverneur der Kolonie übernommen hatte, begann er sofort, den Kampf mit den Offizieren aufzunehmen. Die Befreiung vom Einfuhrzoll, die sich die Offiziere zu erwirken verstanden hatten, hob er auf. Das Getreide, welches die Ansiedler bisher nur an die Offiziere oder an ehemalige Angehörige dieses Standes, die ja alle Handelsbeziehungen in ihre Hand gebracht hatten, gegen Rum tauschen konnten, übernahm er in die Magazine der Regierung, bezahlte es oder gab Ackergeräte oder andere Inventarstücke dafür. Er griff also die Misswirtschaft der Offiziere an der Wurzel an. Die Offiziere antworteten daraufhin mit jenem berüchtigten, verräterischen Vorgehen, jener offenen Empörung, die in der Geschichte Australiens als die Rum-Revolte oder die australische Revolution bekannt geworden ist.

Den Anstoß gab eine geringfügige Angelegenheit. Der Kaufmann und Grundbesitzer John MacArthur, ein früherer Zahlmeister des Regiments, der sich um die Einführung der Schafzucht in New South Wales sehr verdient gemacht hatte, wollte entgegen dem bestehenden Verbot eine Branntweinbrennerei eröffnen. Deshalb vor Gericht zitiert, erschien er nicht und wurde verhaftet. In der Gerichtssitzung vom 25. Januar 1808 – das Kriminalgericht bestand gesetzlich aus dem Richter der Kolonie und sechs Offizieren als Beisitzer – nahmen die Offiziere für den Angeklagten Stellung und beschützten ihn durch Soldaten gegen ein nochmalige Verhaftung.

Gouverneur Bligh beschloss, die beisitzenden Offiziere zur Rechenschaft zu ziehen. Daraufhin versammelten die Offiziere am nächsten Tag ihre Truppen, und unter der Führung des Kommandeurs Oberst Johnstone zog das Regiment gegen Abend vor das Haus des Gouverneurs. Das Gebäude wurde besetzt, eine Abteilung drang in die Wohnung Blighs ein und nahm ihn gefangen.

Oberst Johnstone übernahm sofort die Leitung der Kolonie; er entfernte alle Zivilbeamte und ernannte MacArthur zum Kolonialsekretär. Bald darauf kehrte der Vizegouverneur Foveaux, der in England gewesen war, zurück und setzte Johnstone ab. Doch auch er vermochte sich nicht lange zu behaupten. Als im Juni 1809 Oberst Paterson an die Spitze des Regiments trat, setzte er Foveaux ab und übernahm die Regierung. Paterson hielt Bligh noch eine Zeit lang gefangen und versuchte ihn zur Rückkehr zu bewegen. Schließlich wil-

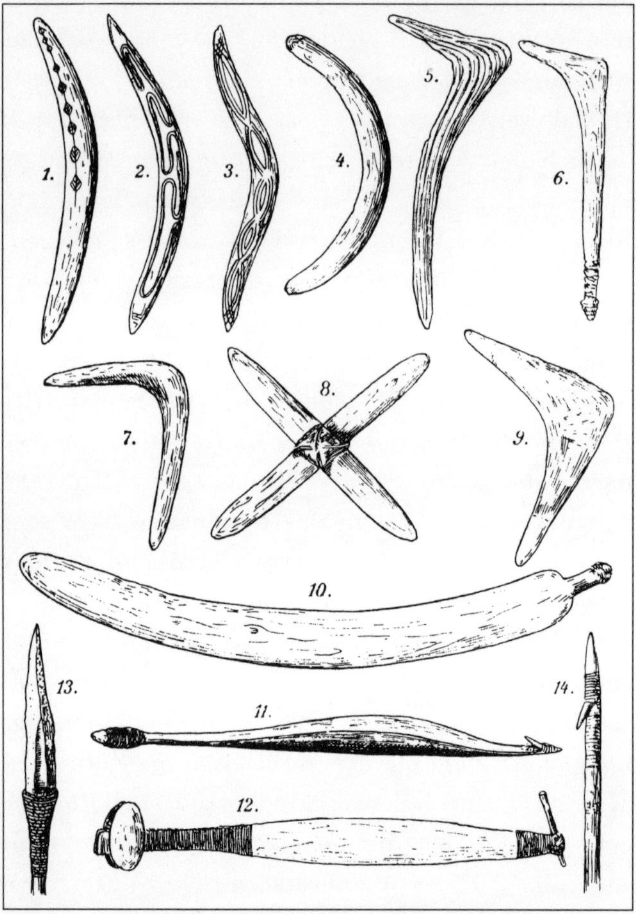

Waffen der australischen Ureinwohner:
1.–9. Wurfkeulen und Bumerangs, 10. Holzschwert,
11.+12. Speerschleudern, 13.+14. Speerspitzen

ligte Bligh ein und erhielt auch das Kommando eines Schiffes, auf dem er sich nach Tasmanien begab und hier und da an der Küste von New South Wales verweilte. Schließlich musste er aber, um einer nochmaligen Verhaftung zu entgehen, nach England zurückkehren.

Der größte Teil der Ansiedler verurteilte die gewaltsame Absetzung des Gouverneurs. Man versuchte auch, Eingaben zu Blighs Gunsten nach England gelangen zu lassen. Paterson steckte aber Leute, die sich mit solchen Gedanken trugen und sich über das Komplott der Offiziere unzufrieden äußerten, ins Gefängnis. Umso mehr suchten sich die damaligen Machthaber bei den Sträflingen beliebt zu machen, indem sie ihnen zum Teil die Freiheit gaben, Lebensmittel und Branntwein, Land und Herden der Regierung unter sie verteilten. In kurzer Zeit wurde die Kolonie in dieser Weise völliger Unordnung, Unsicherheit und Zuchtlosigkeit ausgeliefert. Große Räuberbanden durchzogen das Land und plünderten die Ansiedlungen. Die Sträflinge glaubten, ihre Strafe sei aufgehoben. Es sollen sogar Bestrebungen im Gange gewesen sein, die Kolonie von England unabhängig zu machen.

In England hatte man inzwischen die Gefahr erkannt und schritt nunmehr ein. Oberst Lachlan MacQuarie wurde mit folgendem Auftrag in die Kolonie entsandt: Er sollte Bligh dem Namen nach in sein früheres Amt wieder einsetzen und nach Ablauf von 24 Stunden selbst die Leitung der Kolonie übernehmen. Johnstone sollte verhaftet und nach England geschickt werden, um vor ein Kriegsgericht gestellt zu werden. Ernennungen und Landverleihungen, die seit Blighs Absetzung geschehen waren, sollten für ungültig erklärt werden.

MacQuarie führte alle seine Aufträge aus und übernahm am 28. Dezember 1809 seine Stelle als Gouverneur. Das Regiment »New South Wales« wurde abberufen und durch MacQuaries eigenes Regiment ersetzt. Johnstone wurde sein militärischer Rang abgesprochen; einige andere Offiziere wurden noch milder bestraft. Bligh wurde zum Admiral ernannt, trat aber nie wieder in den aktiven Dienst.

Die zwölfjährige Verwaltungszeit MacQuaries, die nunmehr folgte, wurde einer der hervorragendsten Abschnitte in der Geschichte Australiens. Die Bevölkerung wuchs unter ihm außerordentlich an. Als er von seinem Posten zurücktrat, zählte New South Wales mehr als 24 000 Einwohner, darunter 13 600 ehemalige Sträflinge, so genannte Emanzipisten, und 2 400 freie Ansiedler. Über 400 000 Acker Land waren bebaut. Die Überschreitung der Blauen Berge, die 1813 erfolgte, eröffnete der Viehzucht die westlichen Weideplätze. In allen Teilen des Landes – auch im Inneren – entstanden neue Niederlassungen: Liverpool, Bathurst, Port MacQuarie, New Castle am Hunter River. 1817 war die Kolonie in der Lage, sich ohne fremde Einfuhr unterhalten zu können.

Die Sträflinge wurden hauptsächlich zu öffentlichen Arbeiten verwandt, namentlich zum Straßenbau. Für die besonders gefährlichen Verbrecher wurde eine neue Strafansiedlung, MacQuarie Harbour auf Tasmanien, errichtet. Freie Ansiedler suchte MacQuarie von der Kolonie fern zu halten, da er daran festhielt, dass New South Wales eine der Besserung der Verbrecher dienende Strafkolonie, aber keine freie Ansiedlung sei. Er wurde hierin von der Regierung in England unterstützt, indem die Einwanderung durch die Bedingung erschwert wurde, dass genügend Kapital für die Bewirtschaftung des Landes nachgewiesen werden musste. Hingegen unterstützte MacQuarie die entlassenen Sträflinge in jeder Beziehung; auch die kolonialen Ämter machte er ihnen zugänglich. Nur eins gönnte er ihnen nicht: die Frauen. Wiederholt hat er sich – allerdings ohne vollen Erfolg – gegen die Transportation von Frauen ausgesprochen, weil sie nach seiner Ansicht die männlichen Sträflinge nur von der Arbeit ablenkten.

MacQuarie hat sich um die Entwicklung der Kolonie große Verdienste erworben. Er war ein energischer, fortgesetzt und unermüdlich tätiger, praktisch denkender Mann, der – als er sich 1822 von seinem Posten zurückzog – ein emporblühendes Land verließ, das zu der Hoffnung berechtigte, dass sein rascher Aufschwung noch nicht beendet sei.

Unter den Nachfolgern MacQuaries – Sir Thomas Brisbane (1822–1825), Sir Ralph Darling (1825–1831) und Sir Richard Bourke – traten in politischer und sozialer Beziehung wesentliche Änderungen ein.

Durch den gewaltigen Aufschwung unter MacQuarie war allmählich die Welt auf New South Wales aufmerksam geworden. Die freie Einwanderung setzte mit dem Jahr 1822 anfangs in schwachen, aber bald immer stärker werdendem Maß ein, sodass mit jenem Jahr New South Wales aufhörte, eine reine Verbrecherkolonie zu sein. Das Anwachsen der freien Bevölkerung hatte immer umfangreichere Einschränkungen der Machtstellung des Gouverneurs zur Folge. So wurde 1823 dem Gouverneur ein so genannter Vollziehungsrat (Executive Council) beigeordnet, dem 1826 noch ein Gesetzgebender Rat (Legislative Council) folgte. Bis Mitte der dreißiger Jahre zählte die freie Einwanderung jährlich etwa 800 Mann, dann stieg sie aber in die Tausende, ja im Jahr 1841 wanderten 12 000 Menschen ein.

Der Boden erhielt seinen Wert. Landverleihungen an entlassene Sträflinge wurden nicht mehr ausgeführt, sondern das Land wurde verkauft. Die Sträflinge wurden als Arbeitskräfte nicht mehr unentgeltlich, sondern gegen Lohn und Verpflegung an die Ansiedler abgegeben. Dieses Verfahren wurde als Assignation bezeichnet. Die assignierten Sträflinge standen unter der Aufsicht ihres Arbeitsherren, der in der ersten Zeit auch das Recht zur körperlichen Züchtigung hatte. Unter dem Gouverneur Bourke wurde dieses Recht aber in die Hände der Distriktkommissare gelegt, die »wegen Trunkenheit, Ungehorsams, Arbeitsscheu, Trägheit, Ausreißens, respektwidrigen Benehmens gegen den Herrn oder dessen Hausoffizianten und irgendeines anderen unordentlichen und unanständigen Benehmens« 20 bis 50 Peitschenhiebe erteilen lassen durften. Im Jahr 1838 wurden auf die in der Kolonie vorhandenen 28 000 Sträflinge 108 000 Peitschenhiebe ausgeteilt. Die gefährlichsten Verbrecher wurden in besonderen Anstalten (convict barracks) untergebracht und mit gemeinschaftlicher Zwangsarbeit für den Staat oder unter dessen Aufsicht beschäftigt, und zwar entweder mit Straßenbau oder der Urbarmachung von Landstrecken. Die Angehörigen dieser Arbeitsabteilungen trugen Ketten (iron gangs).

Die Bedeutung der Kolonie war durch ihre Ausdehnung und durch das Anwachsen der freien Bevölkerung derart gewachsen, dass man die Beschickung von Verbrechern in die Kolonie allmählich als ihren weiteren Aufschwung behindernd ansah. Man war zur Ansicht gekommen, dass New South Wales zur Verbrecherkolonie zu schade sei. Verschiedentlich wurden Beschwerden über die Sicherheitszustände und die sittlichen Verhältnisse in der Kolonie laut. Andererseits verspürte man in England nichts davon, dass die Zahl der Verbrechen etwa abnahm. Der gemeinsame Kampf gegen den Urwald, die Arbeit »an dem Busen der Natur« schien ein wenig zuverlässiges Mittel für die soziale Gesundung der Verbrecher. Das englische Unterhaus ernannte deshalb im Jahr 1837 eine Kommission, die mit der Erstattung eines Berichts über die

Wirksamkeit der Transportationsstrafe und ihren Einfluss auf den sittlichen Zustand der Kolonie beauftragt wurde. Der Bericht, den die Kommission 1838 abgab, lautete dahin, dass die Transportationsstrafe verderblich für die Sittlichkeit der Kolonie sei und weder bessernd noch abschreckend wirke.

Aufgrund dieses Berichts wurde durch einen Befehl des Geheimen Rates vom 22. Mai 1840 die Transportation von Sträflingen nach New South Wales eingestellt und New South Wales als freie Kolonie anerkannt. Die Strafkolonie Sydney hatte ihr Ende erreicht.

In dem Zeitraum von 1787 bis 1838 waren im Ganzen etwa 79 000 Sträflinge nach Australien verschickt worden, und zwar 43 506 Männer und 6 791 Frauen nach New South Wales, 24 785 Männer und 2 974 Frauen nach Tasmanien.

Tasmanien, das 1825 zu einer selbständigen Kolonie erklärt worden war, nahm nunmehr den Strom der Verbrecher allein auf. Zur Aufnahme von annähernd 4 000 Verbrechern jährlich war die Insel aber zu klein. Die Ansiedlungen und Anstalten waren überfüllt. Arbeit hatte man nicht für alle. Sie trieben sich auf der Insel umher, plünderten und brandschatzten die freie Bevölkerung, die ja an Zahl weit geringer war, und scheuten sich nicht, am hellen Tag die schwersten Verbrechen zu begehen. Jede Sicherheit und Ordnung war aufgelöst.

In dieser Verlegenheit wandte sich England an New South Wales, die Transportation wieder aufzunehmen.

Ehe sich New South Wales überhaupt dazu bereit erklärt hatte, lief 1849 im Hafen von Sydney schon ein Verbrechertransportschiff ein. Der damalige Gouverneur Fitzroy wurde von der Bevölkerung aufgefordert, die Ausladung zu verhindern. Doch fanden sich bald Landwirte aus dem Inneren und Herdenbesitzer, die die Sträflinge assignierten. Der Gesetzgebende Rat von New South Wales erhob sofort gegen weitere Transporte entschieden Protest, es bildete sich eine »Antitransportationsliga« und, als noch weitere Transporte folgten, stieg die Aufregung der Ansiedler so beängstigend, dass durch einen Befehl des Geheimen Rats vom 25. Juni 1851 New South Wales endgültig als Strafkolonie gestrichen wurde.

Auf Tasmanien war 1850 die Ordnung wiederhergestellt worden. In demselben Jahr wurde auch das erste Mal Westaustralien mit Sträflingen versorgt. Dort hatten sich 1829 am Schwanenfluss freie Ansiedler niedergelassen. Die Ansiedlung zählte 1848 etwa 5 000 Bewohner; wegen Mangel an Arbeitskräften wandten sie sich nach England mit der Bitte, Sträflinge zugesandt zu erhalten. Der erste Transport erfolgte 1850.

Nachdem auf die Proteste der freien Bevölkerung die Strafkolonie auf Norfolk Island 1853 aufgehoben und auch die Verschickung nach Tasmanien 1854 aufgehört hatte, war Westaustralien noch der einzige Unterbringungsort. Bald aber wurden auch hier Proteste laut. Da die Flüchtlinge sich in die übrigen australischen Kolonien begaben, hauptsächlich nach Südaustralien und Victoria, wohin sie sich besonders durch die seit 1851 entdeckten Goldfelder gezogen fühlten, gingen auch von dort aus Beschwerden ein. Endlich hob England durch ein Gesetz vom 26. Juni 1857 die Transportationsstrafe als Strafmittel auf; die Transportation nach Australien hatte damit ihr Ende erreicht. Während ihres Bestehens waren 134 000 Verbrecher nach Australien gebracht worden.

Bahumir Wongar
Der Schoß

Roman

Aus dem Englischen von Annemarie Böll

»›Der Schoß‹ ist der erste Roman der australischen Ureinwohner, der Aborigines, der bei uns erschienen ist. Darin beschreibt Wongar in bitterem, oft ironischem Stil am Beispiel seiner Frau Djumala, wie die Lebensbedingungen der Ureinwohner durch die Profitsucht der Weißen bis heute zerstört werden.« (Kurt Rössel im Westdeutschen Rundfunk)

»Am Schicksal einer jungen Buschfrau werden die verheerenden Zerstörungen des Lebensraumes der Eingeborenen Australiens dargestellt, vernichtet durch die Profitgier der Weißen, die durch den radikalen Uranabbau die Landschaft zerstören und die Aborigines in Reservate einsperren. ›Hüte dich vor den Weißen, sie haben sich wie Fliegen im Busch verbreitet, schlagen Stücke von den Felsen und schnüffeln am Boden.‹ Neben diesem realistischen Geschehen werden die bildhaften, naturverbundenen Riten und Mythen der Eingeborenen Australiens in poetischer Sprache lebendig, von Annemarie Böll kongenial übersetzt.« (Hugo Ernst Käufer in: ekz-Informationsdienst)

Alexander von Humboldt
Die Reise nach Südamerika

Nach der Übersetzung von Hermann Hauff
bearbeitet und herausgegeben von Jürgen Starbatty

Lamuv Taschenbuch 94

Vor über 200 Jahren, am 16. Juli 1799, erreichte Alexander von Humboldt Südamerika. Seine fünf Jahre dauernde Expedition durch die fast unbekannte Neue Welt begann.
Über die heutigen Lesebedürfnissen angepasste Neubearbeitung der »Reise nach Südamerika« in der Übersetzung von Hermann Hauff (1859/60) schreibt Rainer Appell: »Die Aktualität seines Buches ... fußt auf einer ökologische Katastrophen antizipierenden Naturbeobachtung. Humboldt beschrieb bereits Klimaveränderungen als Folge einer rücksichtslosen Rodung und warnte vor einer weiteren Erosion und Versteppung. Ihm entging auch nicht der sorglose Umgang mit den natürlichen Ressourcen und der drohende Untergang einiger Tierarten. Doch will das Buch nicht nur um seiner aktuellen Bezüge willen wiederentdeckt werden. Es ist einfach spannend und unterhaltsam ... Durch die Neuherausgabe ist eines der faszinierendsten Reisebücher wieder zugänglich.« (Frankfurter Allgemeine Zeitung)
»Humboldts Tagebuch gehört zu den schönsten, spannendsten und lehrreichsten Bänden der klassischen Reiseliteratur.« (Christian Hunter in: Main-Echo)

Alexander von Humboldt (1769–1859), Naturforscher und Geograph, verfasste über seine Amerika-Expedition den größten privaten Reisebericht der Geschichte, das 34-bändige Werk »Voyage aux régions équinoxiales du Nouveau Continent«. Seine Vorlesungen in Berlin 1827/28 waren der Beginn einer neuen Blütezeit der Naturwissenschaften in Deutschland.

Ein Buch aus dem Lamuv Verlag